데이터로
말해요!

데이터 중심의
사고·기획·보고의
기술

데이터로 말해요!
데이터 중심의 사고·기획·보고의 기술

지은이 김철수

펴낸이 박찬규 엮은이 전이주 디자인 북누리 표지디자인 Arowa & Arowana

펴낸곳 위키북스 전화 031-955-3658, 3659 팩스 031-955-3660
주소 경기도 파주시 문발로 115, 311호(파주출판도시, 세종출판벤처타운)

가격 18,000 페이지 220 책규격 152 x 220mm

초판 발행 2023년 01월 10일
ISBN 979-11-5839-396-0 (13000)

등록번호 제406-2006-000036호 등록일자 2006년 05월 19일
홈페이지 wikibook.co.kr 전자우편 wikibook@wikibook.co.kr

데이터로 말해요!
데이터 중심의 사고·기획·보고의 기술

근거와 논리로
상사를 설득하고 싶은
직장인을 위한
데이터 리터러시와
커뮤니케이션 실전

김철수 지음

위키북스

들어가며

몇 년 전, 한 대기업이 핵심 직원 100명을 선발해서 빅데이터와 인공지능을 하루 8시간씩 6개월 동안 가르쳤습니다. CEO는 교육을 마친 직원이 현장에 돌아가 데이터를 수집하고 분석하고 보고하리라 기대했습니다. 데이터로 의사결정하는 문화가 만들어지기를 바랐습니다.

현장에 돌아간 직원들은 의욕을 가지고 데이터를 많이 수집하고 열심히 분석하고자 했습니다. 그런데 정작 무슨 데이터를 수집해야 하는지, 데이터를 분석해서 무슨 사실을 찾아야 하는지, 그래서 결과를 어떻게 판단해야 하는지, 결국 뭘 주장해야 하는지 몰랐습니다.

데이터를 수집하고 분석하는 빅데이터 분석 기술은 충분히 배웠습니다. 각종 인공지능 알고리즘을 사용하는 방법도 배웠습니다. 그런데 막상 데이터를 분석해서 기획하려고 보니 뭘 어떻게 해야 할지 막막했습니다.

개중에 몇몇은 그래도 뭔가 분석 결과를 냈습니다. 뭔가를 해야 한다고 기획도 했습니다. 부서의 동료에게 설명하니 다들 놀랍다고 합니다. 당장 부서장에게 보고해 보랍니다. 열심히 보고서를 써서 팀장에게 보고했습니다. 그런데 팀장의 표정이 좋지 않습니다.

"이게 무슨 기획입니까? 그냥 데이터 정리한 것 말고는 없잖아요?"

"이건 그냥 다 아는 사실 아닙니까? 이걸 굳이 데이터로 왜?"

"복잡한 차트와 전문 용어만 잔뜩 나열하면 제가 어떻게 압니까?"

"그래서, 제가 뭘 해야 합니까? 뭘 결정해야 하는 거죠?

빅데이터 분석과 인공지능 기술은 분명 비즈니스에 도움이 됩니다. 그렇다고 해서 이런 기술과 기법을 많은 시간과 노력을 들여 배워야 할까요? 배우면 과연 업무 성과가 좋아질까요?

저는 현업에서 오래 일했고 많은 기업에서 강의하면서 생각이 좀 달라졌습니다. 빅데이터 분석과 인공지능 기술 같은 것도 좋지만, 데이터와 비즈니스의 관계를 이해하고, 데이터로 사고하고, 데이터로 기획하고, 데이터로 보고하는 원리와 방법을 배우는 것이 먼저입니다.

데이터로 사고하지 못하는데, 어찌 데이터를 찾고 사실을 도출하고 판단하고 주장할 수 있겠습니까? 데이터로 기획하지 못하는데, 어찌 데이터를 분석해서 비즈니스에 활용할 수 있겠습니까? 데이터로 보고하지 못하는데, 어찌 데이터로 의사결정하게 만들 수 있겠습니까?

그래서 이 책을 썼습니다. 보통의 직장인이 데이터로 사고하고 기획하고 보고할 수 있게 당장 쓸 수 있는 원리와 방법을 담았습니다. 수년간 수백 개 기업에서 보통 직장인을 대상으로 데이터를 강의하면서 보통 직장인이 꼭 알아야 할 것과 반복되는 질문에 대한 답을 담았습니다.

데이터 기반의 의사결정은 이제 비즈니스에서 핵심 경쟁력이 되고 있습니다. 그런 문화를 만들려면 모든 직원이 데이터로 사고하고 기획하고 보고해야 합니다. 그래야 데이터로 제대로 의사결정을 할 수 있습니다. 이 책이 여러분 조직의 경쟁력을 높이는 데 도움이 되면 좋겠습니다.

2022년 11월 22일
항상 나의 감과 데이터의 균형을 맞춰 주는 아내 옆에서 씀.

PART

1

비즈니스와 데이터

PART

2

데이터로 사고하라

PART

3

데이터로 기획하라

목차

PART

4

데이터로 보고하라

목차

1

디지털과
산업의 변화

세계 시가 총액 톱10 기업의 변화

여러분, 혹시 주식 하시나요? 돈은 좀 벌었나요? 요즘 주식 투자해서 돈을 버는 분도 있고 크게 잃은 분도 있을 텐데, 어떻게 해야 주식으로 돈을 잘 벌 수 있을까요? 제가 퀴즈를 하나 내보겠습니다. 다음 중 주식투자로 가장 돈을 못 버는 사람은 누구일까요?

1. 성격이 급하고 소심한 사람

2. 매매가 많고 단타 매매하는 사람

3. 귀가 얇은 사람

4. 재정적인 여유가 없는 사람

한번 맞혀 볼까요? 과연 어떤 사람이 주식투자로 가장 돈을 못 벌까요?

정답을 알려드리겠습니다. 정답은 바로 5번 나, 나입니다. 주식투자를 하면 왜 나만 돈을 못 버는 걸까요? 다른 사람들은 다 번다고 하는데요.

재미로 한번 말씀드려 봤고요. 조사에 따르면 주식투자로 가장 돈을 못 버는 사람은 바로 4번 재정적인 여유가 없는 사람이랍니다. 충분한 돈이 없으면 주식투자를 제대로 할 수 없습니다. 돈이 많은 사람, 재정적인 여유가 있는 사람이 주식투자로 돈을 많이 번다고 합니다.

그러면 주식투자로 돈을 잘 버는 사람은 누구일까요? 한번 맞혀 보세요.

1. 매매가 적고 장기 투자하는 사람

2. 종목을 분석해서 투자하는 사람

3. 느긋하면서 과감한 사람

4. 재정적인 여유가 있는 사람

여러분들은 어떻게 생각하십니까? 한번 맞춰볼까요?

아마 4번이라고 생각하실 수도 있을 것 같습니다. 왜냐하면 주식투자로 돈을 못 버는 사람이 재정적인 여유가 없는 사람이라고 했으니까요. 그러면 잘 버는 사람은 재정적인 여유가 있기 때문에 잘 버는 걸까요?

정답은 1번입니다. 재정적인 여유가 있더라도 매매를 적게 하고 장기 투자하는 것이 중요하다고 합니다. 짧게 투자해서 사고팔고 하는 것보다 괜찮은 종목 몇 개 사 놓고 장기적으로 보면서 때가 되면 회수하는 사람들이 주식투자로 돈을 잘 번다고 합니다.

아마 주식투자로 돈을 잘 버는 사람 중에 가장 유명한 사람은 워런 버핏일 것입니다. 워런 버핏이 주식을 할 때 참고할 만한 조언을 많이 하는데, 그중 대표적인 말이 이것입니다.

"10년 이상 보유하지 않으려면 단 10분도 보유하지 말라."

그만큼 장기투자를 하는 것이 주식에서 돈을 버는 가장 좋은 방법이라는 말입니다. 사실 우리는 오늘 사서 내일 파는 식의 단타를 많이 하지만, 정말 주식으로 돈 많이 버는 사람들은 장기투자를 많이 하는 것 같습니다. 최소 5년에서 길게는 몇십 년까지도요.

그렇다면 주식의 트렌드를 보는 것이 중요할 것 같습니다. 그중 지난 20여 년 동안 세계 시가총액 톱10 기업은 어떻게 변했는지 한번 볼까요? 20년 전에 이런 기업이 20년 후에 뜬다고 생각했다면 그때 장기투자를 할 수 있었을 겁니다. 그러면 지금 엄청난 차익을 실현했을 거고요.

20년 전 세계 시가총액 톱10에는 어떤 기업이 있었을까요? 여러분도 한번 머릿속에 떠올려보세요. 어떤 기업이 떠오르나요?

최근 기업도 한번 떠올려보세요. 최근에는 어떤 기업이 세계 시가총액 톱 10 기업이 되어 있을까요? 아마 최근 기업은 잘 알 수 있을 것 같습니다. 코로나 사태 이전까지만 보겠습니다.

	1997		2019
1	GE(중공업)	1	Microsoft
2	Royal Dutch Shell(석유)	2	Apple
3	Microsoft	3	Amazon
4	Exxon Mobil(석유)	4	Google
5	Coca-Cola(식음료)	5	Berkshire Hathaway(창투)
6	Intel(반도체)	6	Facebook
7	NTT(통신)	7	Alibaba
8	Merck(제약)	8	Tencent
9	Toyota(자동차)	9	Johnson&Johnson(제약)
10	Novartis(제약)	10	JPMoran Chase(금융)

그림 1-1 지난 몇십 년간 비즈니스는 IT 기술이 점령했다.

어떻습니까? 지난 20여 년 동안 무엇이 달라졌습니까? 왜 달라졌을까요?

20여 년 전에는 중공업, 석유, 식음료, 반도체, 통신, 제약, 자동차 등 톱

10 안의 비즈니스 분야가 대단히 다양했습니다. 그런데 최근은 어떻습니까? 최근에는 마이크로소프트, 애플, 아마존, 구글, 알리바바, 텐센트처럼 IT 기업 위주로 세계 톱10이 구성되었습니다.

엄청난 변화 아닌가요? 도대체 무엇이 이렇게 만든 걸까요? 지난 20여 년 동안 달라진 것이 무엇인지, 그리고 왜 달라졌는지 한번 생각해 보세요.

20여 년 전 IT 기업이라고 하면 MS, 마이크로소프트 하나뿐이었습니다. 그런데 지금은 어떻습니까? 세계 톱10 중에서 무려 7개 기업이 IT 기업입니다.

20여 년 전에 가장 중요했던 자원은 무엇이었을까요? 바로 기름입니다. 석유였습니다. 제조업은 석유를 기반으로 제조를 했습니다. 석유화학도 마찬가지고요. 중공업도 석유를 에너지로 전환해서 필요한 제조를 했습니다.

그런데 지금은 어떻습니까? 세계 톱10 기업 중에서 무려 7개나 되는 IT 기업이 가진 것이 석유입니까? 아닙니다. 바로 데이터입니다. 이제는 데이터시대입니다. 그래서 데이터가 21세기의 원유라고 얘기합니다.

이렇게 큰 변화가 있을 때 20여 년 전에 잘 나갔던 전통기업들, 20여 년 전에 세계 톱10을 차지했던 전통기업들은 어떻게 해야 앞으로도 지속 가능할까요? 전통기업들은 어떻게 해야 세계 톱10에 다시 올라갈 수 있을까요? 여러분이 이런 전통기업에서 일하고 있다면 어떤 전략을 사용하겠습니까?

많은 전통기업이 이렇게 생각했습니다. "그래, 우리도 IT 기업처럼 바꾸어 보자." 그냥 IT 기업이 아니라 디지털시대니까 디지털 기업처럼 되어 보자. 그냥 단순히 되는 것을 넘어서 큰 전환을 하고 변신하고 변혁하고 혁신까지도 해 보자.

그런 생각으로 만든 전략이 있습니다. 어디서 한 번쯤 들어봤을 바로 그 전략, 바로 디지털 트랜스포메이션(Digital Transformation)입니다. DT, 또는 trans를 x로 바꿔 DX라고도 합니다. 디지털 트랜스포메이션이 바로 전통기업이 디지털 기업으로 변환하기 위한 전략입니다.

그렇다면 IT 기업은 어떨까요? 지금 세계 톱10에 있더라도 앞으로 10년, 20년 후에도 계속 세계 톱10에 있을까요? 제 생각에는 아닐 수 있을 것 같습니다. 그렇다면 지금 IT 기업도 미래에 잘 나가기 위해 무언가로 전환해야 하지 않을까요? 혁신 전략이 필요하지 않을까요? 그래서 선택한 전략 중 하나가 바로 메타버스(Metaverse)입니다.

메타버스 얘기 많이 들어보셨죠? 페이스북이 이름을 Meta로 바꾼 이유가 뭘까요? 페이스북은 지금 하는 대로만 하면 10년, 20년 후에는 지속 가능하지 못할 수 있다고 판단한 겁니다. 그래서 여러 가지 전략을 짰는데, 그중 가장 대표적으로 얘기하는 것이 바로 메타버스입니다. 비즈니스의 큰 흐름을 이해하려면 디지털과 메타버스라는 큰 트렌드를 이해해야 합니다.

디지털의 3요소

디지털에도 3요소가 있다는 걸 아시나요? 디지털은 크게 세 가지로 나뉩니다.

첫 번째는 디지타이제이션(Digitization)이고, 두 번째는 디지털라이제이션(Digitalization), 세 번째는 디지털 트랜스포메이션(Digital Transformation)입니다. 디지털을 이렇게 세 가지로 나눠서 보면 더 명확하게 이해할 수 있습니다. 하나씩 설명하겠습니다.

첫 번째, 디지타이제이션(Digitization)입니다. 디지타이제이션은 종이에 연필로 쓰거나 했던 것을 엑셀 같은 프로그램에 입력함으로써 아날로그 데이터를 디지털 데이터로 전환하는 것입니다. 제가 하는 말을 워드에 텍스트로 적으면 디지털 데이터가 됩니다.

사실 우리는 디지타이제이션 시대를 지난 수십 년 동안 살아왔습니다. 컴퓨터로 일하는 것 자체가 바로 이 디지타이제이션입니다.

혹시 한메타자교실 아시나요? 예전에 컴퓨터 키보드로 타자 연습하던 게임입니다. 분당 몇 타가 나오는지 알아보는 건데, 국제시합도 있었습니다. 저도 어렸을 때 이 시합 나가보려고 열심히 분당 500타, 600타 쳤던 기억이 납니다.

그런데 언제까지 이렇게 열심히 타이핑을 해야 할까요? 사람이 아무리 빨라도 1000타, 2000타, 3000타를 넘어갈 수는 없습니다. 말보다 손이 빠를 수 없습니다. 그렇다면 디지털 최신 기술을 이용하면 어떨까요?

그동안은 사람이 직접 손으로 타자를 쳐서 디지타이제이션을 해왔다면 요즘은 그냥 말을 하면 디지털 기술이 말을 텍스트로 바꿔줍니다. 지금 이미 사용하는 사람도 있을 것 같은데, 바로 스피치 투 텍스트(Speech To Text), STT입니다.

디지털의 두 번째 요소는 디지털라이제이션(Digitalization)입니다. 디지털라이제이션은 우리가 열심히 타이핑하거나 STT로 디지털화한 데이터를 가공하고 분석하는 겁니다. 데이터를 쌓기만 하면 소용없습니다. 활용해야 합니다. 데이터를 업무나 일상에 활용하는 것이 디지털라이제이션입니다.

말을 디지털 데이터로 바꾸면 데이터 분석을 할 수 있는데, 이것을 텍스트 분석이라고 합니다. 예를 들어 연말 연초가 되면 많은 대기업이 신년사를 발표합니다. 텍스트 분석을 이용하면 이 신년사에 어떤 단어가 많이 나왔는지를 바로 알 수 있습니다.

디지털의 세 번째 요소는 디지털 트랜스포메이션(Digital Transformation)입니다. 디지털 트랜스포메이션은 데이터를 분석하는 것을 넘어서 우리가 일하는 방식과 비즈니스 자체를 디지털 기술로 혁신하는 겁니다.

전통 기업도 요즘에는 아예 디지털 기업으로 전환하곤 합니다. 예를 들어 기아자동차는 이미 회사 이름에서 자동차를 빼고 '기아'라고 바꿨습니다. 현대자동차는 이제 자동차 회사가 아니라 스마트 모빌리티 솔루션 기업으로 변신하겠다고 선언했습니다. KT와 신한은행은 지분 맞교환으로 디지털 전환을 서두르고 있습니다. 세계적인 금융회사인 골드만삭스가 "우리는 금융회사가 아니라 기술회사다."라고 선언한 것도 유명합니다.

디지털 전환은 갑자기 생긴 것이 아닙니다. 이미 우리는 지난 수십 년간 일하는 방식을 디지털화해 왔습니다. 책상의 변화만 봐도 그렇습니다. 다음 사진은 1983년 책상의 모습입니다.

그림 1-2 1980년대 책상 모습

다음 사진은 최근 책상의 모습입니다.

그림 1-3 최근 책상 모습

혹시 아직도 1980년대 책상에서 일하지는 않겠죠?

디지털의 근간은 데이터

지금까지 디지털의 3요소인 디지타이제이션, 디지털라이제이션, 디지털 트랜스포메이션을 알아봤습니다. 이제 충분히 이해했으리라 생각합니다.

그런데 사실 우리는 이미 이것을 알고 있었습니다. 디지타이제이션이 우리말로 뭔지 아세요? 지금까지 써왔던 단어, 바로 '전산화'입니다. 1900년대 기업에 IT 팀이 처음 생겼을 때 이름이 전산팀이었습니다. 결국 디지타이제이션을 이미 지난 수십 년 동안 수행하고 있었던 겁니다. 그러면 디지털라이제이션은 뭘까요? 바로 '정보화'입니다. 디지털 트랜스포메이션은 '디지털 혁신'이라고 생각하면 됩니다.

전산화, 정보화, 디지털 혁신, 이 모든 과정에서 가장 중요한 것은 바로 데이터입니다. 데이터는 디지털의 혈액과 같습니다. 디지타이제이션에서부터 데이터를 디지털화합니다. 그것으로 디지털라이제이션, 즉 가공하고 분석하고 활용합니다. 데이터를 기반으로 일하는 방식을 바꾸거나 새로운 비즈니스를 만드는 것이 곧 디지털 트랜포메이션입니다. 그러니 데이터는 21세기의 원유가 맞습니다.

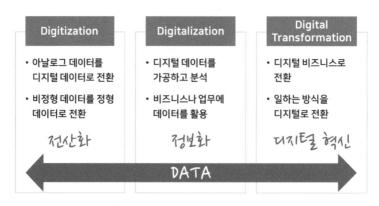

그림 1-4 디지털의 근간은 데이터

2

비즈니스와
데이터의 관계

잘나가는 대기업은 이미 데이터가 얼마나 중요하고 IT와 디지털의 핵심이 되는지 알고 있었습니다. 우리나라에서 가장 큰 기업 삼성 그룹에서 IT와 디지털을 담당하는 회사가 삼성SDS입니다. 이 회사 이름의 SDS가 바로 Samsung Data System입니다. 이 회사가 1985년에 처음 설립됐을 때 이름이 '삼성데이터시스템'이었습니다. 그때는 디지타이제이션, 즉 전산화하는 것이 목적이었다면 이제는 디지털라이제이션과 디지털 트랜스포메이션을 하는 것이 목적입니다.

비즈니스의 시작은 문제

비즈니스와 데이터의 관계를 이해하려면 먼저 비즈니스 사이클을 이해해야 합니다. 비즈니스가 어디에서 시작하는지, 어떻게 진행하는지, 지시와 보고는 어떻게 이어지는지 알아보겠습니다.

우선, 비즈니스의 시작은 무엇일까요? 제품? 고객의 니즈? 새로운 아이디어? 설문조사? 이런 것을 비즈니스의 시작이라고 생각하는 사람도 있겠지만, 비즈니스의 시작은 그런 것이 아닙니다. 비즈니스의 시작은 '문제'입니다.

비즈니스는 문제 해결 과정입니다. 문제가 있어야 비즈니스를 시작할 수 있습니다. 내가 돈이 없는 것도 문제고, 고객은 필요로 하는데 시장에 제품이 없는 것도 문제입니다. 무언가 기획하기 전에는 항상 문제가 있어야 합니다.

그런데 문제가 있다고 해서 전부 다 비즈니스로 전환될까요? 그렇지는 않습니다. 인식이 있어야 합니다. 문제가 문제인지 모르면 아무것도 안 합니다. 그래서 문제 인식을 해야 합니다.

문제를 인식하고 나면 이제 그 문제를 풀지 말지 의사결정을 할 수 있습니다. 그런데 의사결정의 대부분은 기각이나 반려입니다. 회사에서 보고서를 올리면 반려되는 경우가 많습니다. 10건 올리면 9건 정도는 기각되거나 반려됩니다. 그게 정상입니다. 비즈니스 제약 때문입니다.

우리에게는 항상 없는 것이 세 가지 있습니다. 돈, 사람, 시간입니다. 이것이 비즈니스의 제약입니다. 비즈니스는 항상 돈, 사람, 시간, 세 가지가 없는 상태에서 최선의 의사결정을 하는 것입니다. 그래서 모든 문제를 다 풀 수 없기에 10건 중 9건은 기각되거나 반려됩니다.

하지만 개중에 어떤 문제는 꼭 풀어야 할 때가 있습니다. 그때 의사결정자는 그 문제를 해결하겠다며 지시합니다. 그럼 일이 생길까요? 아직 아닙니다. 위에서 의사결정을 하고 해결을 지시하는 순간 우리에게 생기는 것은 목적입니다.

목적 없이 일하는 경우를 많이 봤을 겁니다. 왜 일하는지 모르고 일하는 경우도 많습니다. 위에서 무언가 의사결정을 하고 해결을 지시했을 때 우리가 첫 번째로 알아야 할 것은 "왜요? 그걸 왜 하는 거죠?"라는 목적의식입니다.

문제가 무엇이고 어떻게 인식하고 있고 전에는 안 했는데 이번에는 왜 해결하려고 하는지를 '배경'이라고 합니다. 그래서 배경과 문제를 붙여서 흔히 '배경 및 문제'라고 보고서 첫 목차를 쓰곤 합니다. 배경을 제대로 파악하고 목적을 먼저 정하라는 의미입니다.

그림 2-1 배경 및 목적

목적이 생기면 이제 조사를 합니다. 그럼 뭐가 나올까요? 바로 문제점이 나옵니다. 문제와 문제점의 차이를 아세요? 문제는 설비고장, 매출 하락, 불안한 미래 같은 것을 말합니다. 즉, 우리가 해결해야 할 현상입니다.

그럼 문제점은 뭘까요? 설비가 노후화되면 고장 날 수 있습니다. 관리인력에 부족해도 설비가 고장 날 수 있습니다. 사내 갈등이 심해서 내 설비, 네 설비 다투다 보면 설비가 고장 날 수 있습니다. 문제점은 이렇게 문제를 일으키는 요인을 말합니다.

상사가 문제를 파악하라고 하면 그것은 문제가 아니라 문제점을 파악하라는 겁니다. 그때 우리는 문제가 되는 데이터를 분석해서 문제점을 찾습니다.

설비가 고장 나면 고장과 관련한 데이터가 있고, 매출이 떨어지면 매출과 관련한 데이터가 있습니다. 우리는 늘 이런 데이터를 실적이나 진척으로 보고합니다. 그런 데이터를 분석해서 어디에 문제점이 있는지를 찾는 겁니다. 문제와 문제점의 차이를 이제 이해할 수 있겠죠?

문제점을 조사했으면 이제 뭘 할까요? 바로 분석을 합니다. 분석하면 뭐가 나올까요? 원인 또는 이유가 나옵니다. 원인 분석은 알겠는데 이유 분석은 뭘까요? 원인과 이유는 뭐가 다를까요?

원인과 이유의 차이를 분명하게 알아야 합니다. 가령 감기에 걸렸다고 해봅시다. 그럼 감기에 걸린 원인은 무엇일까요? 그렇습니다. 바이러스 같은 것입니다. 매출이 줄어들면 원인을 찾을 텐데, 예를 들어 설비가 고장나는 것도 원인이 될 수 있습니다. 원인은 이렇게 사물이나 현상에 사용하는 표현입니다.

그럼 이유는 무엇일까요? 감기에 걸린 이유는 추운데 옷을 제대로 안 입고 돌아다녀서 같은 것이 될 수 있습니다. 이유는 이렇게 사람에게 사용하는 표현입니다. 원인은 사물이나 현상에 사용하고, 이유는 사람에게 사용합니다.

많은 직장인이 원인만 분석해서 상사에게 보고하지만 상사는 이유를 더 궁금해합니다. 책임자를 탓해야 하는지, 조직을 바꿔야 하는지 등 이유를 알고 그에 대한 대책을 세워야 하기 때문입니다. 그러니 원인을 분석해서 보고할 때는 꼭 이유도 같이 보고해야 합니다.

데이터 관점에서 원인을 파악하려면 데이터를 측정하거나 분석하면 됩니다. 데이터가 명확하기 때문에 그 데이터를 측정해서 분석하는 방식을 사용하면 원인을 찾아낼 수 있습니다. 이유는 어떻게 찾을까요? 이유는 사람에게 사용한다고 했으니 당연히 사람에게 물어봐야 합니다. 고객 설문 같은 것이 나온 이유가 그것입니다. 설문하기 어려울 때는 관찰할 수도 있습니다. 최근에 디자인 씽킹 기법 등에서 고객을 관찰해서 페르소나를 만드는 것도 다 이유를 찾기 위함입니다.

전략, 방안, 과제, 업무

원인과 이유를 알아냈으면 이제 해결안을 도출합니다. 그러면 전략과 방안이 나옵니다. 전략과 방안의 차이를 아시나요? 회사에서는 전략을 얘기하라는데 방안을 얘기하는 사람이 있습니다. 반대로, 방안을 얘기하라는데 전략을 얘기하는 사람도 있습니다.

전략은 이런 겁니다. '주요 설비부터 점검한다', '디자인 업무를 외부에 맡긴다', 이런 게 전략입니다. 여러분이 로또 3등에 당첨돼서 3백만 원을 받았다고 해볼까요? 그러면 집에 있는 물건 중 바꾸고 싶은 것은 무엇인가요? 노트북? TV? 냉장고? 어떤 것부터 바꿔야 할지 고민이 됩니다.

그런데 만약 로또 1등에 당첨돼서 100억 원을 받았다면 어떨까요? 아직도 노트북을 바꿀지, TV를 바꿀지, 냉장고를 바꿀지 고민할까요? 그렇지 않을 것입니다. 아마 집을 통째로 바꿀 겁니다.

로또 1등에 당첨됐다면 전략이 필요 없습니다. 전략이라는 것은 주어진 제약하에서 최선의 선택을 하기 위한 것이기 때문입니다. 아무런 제약이 없다면, 그러니까 돈과 사람과 시간이 무한하다면 주요 설비가 무엇인지 생각할 필요가 없습니다. 그냥 전수 점검하면 됩니다. 아니면 그냥 확 다 바꿔 버리면 됩니다.

돈과 사람과 시간이 무한하다면 디자인 업무를 외부에 맡길 필요도 없습니다. 디자이너 다 채용해서 내부에서 하면 됩니다. 외부 디자인 업체를 사 버리면 됩니다. 그런데 우리에게는 항상 제약이 있습니다. 돈 없고 사람 없고 시간도 없습니다. 그래서 전략을 세웁니다. 없는 돈, 없는 사람, 없는 시간을 잘 쪼개 쓰기 위해서입니다.

전략을 실행하려면 고민할 것이 많습니다. 주요 설비를 점검하겠다고 하면 주요 설비가 무엇인지 정해야 합니다. 어떤 사람은 비싼 설비를 주요 설비라고 하고, 어떤 사람은 가동률이 높은 설비를, 어떤 사람은 최신 설비를 주요 설비라고 할 것입니다.

외부 업체에 디자인 업무를 맡긴다고 하면 외부 업체를 어떻게 선정할지 정해야 합니다. 어떤 사람은 품질을, 어떤 사람은 가격을, 어떤 사람은 레퍼런스를 따집니다.

전략을 세우면 그에 따른 세부적인 기준이나 절차, 단계 같은 것이 필요합니다. 그것을 방안이라고 합니다. 즉, 제약에서 전략이 나오고 전략에서 방안이 나옵니다.

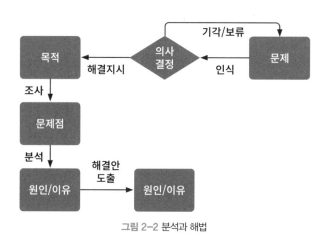

그림 2-2 분석과 해법

전략과 방안이 나오면 이제 뭘 할까요? 구체화합니다. 그 결과로 얻어지는 것이 과제입니다. 전략과제나 실행과제, 당면과제, 장기과제 같은 말을 자주 들어봤을 겁니다.

이런 과제는 보통 부서 단위로 주어집니다. 그러면 부서장이 과제를 조각 내서 부서원에게 나눠 줍니다. 이렇게 과제가 부서원에게 배분되면 그것을 업무라고 합니다.

과제는 부서에 주어지니까 KPI(Key Performance Indicator)로 관리합니다. 업무는 개인에게 주어지니까 MBO(Management By Objectives)로 관리합니다. 이것이 부서와 부서원에 대한 과제 평가, 업무 평가입니다. 합쳐서 성과 평가, 또는 고과 평가라고 합니다.

이때 평가 대상은 실적과 성과입니다. 실적? 성과? 비슷하면서도 다릅니다. 많은 사람이 실적을 두고 성과라고 우기기도 하고, 성과를 두고 실적이라고 낮춰 부르기도 합니다. 실적과 성과는 무엇이 다를까요?

예를 들어 제가 작년에 매출 10억 원, 올해 15억 원을 올렸습니다. 그러면 실적은 확실히 올랐습니다. 그런데 성과도 좋아졌을까요? 성과를 알려면 다른 영업 사원의 실적을 봐야 합니다. 예를 들어 다른 영업 사원 실적 평균을 보니 작년에 매출 10억 원, 올해는 20억 원을 올렸습니다. 그러면 실적은 올랐지만 성과는 못 낸 겁니다.

실적은 과거와 비교하는 것입니다. 성과는 경쟁자의 실적과 비교하는 것입니다. 딱히 일을 제대로 한 것도 아닌데 시장이 호황이어서, 환율이 좋아져서 실적이 오를 수 있습니다. 하지만 이건 성과가 아닙니다. 남들보다 더 많은 매출이나 이익을 내야 성과가 되는 겁니다.

실적이 좋아지면 칭찬을 하고, 성과가 났으면 성과금을 줘야 합니다. 단순히 실적이 좋아졌는데 성과는 안 보고 성과금을 주면 공정하지 않습니다. 반대로 어려운 시장 여건에서 다들 매출이나 이익이 많이 줄었는데, 우리만 덜 줄었다고 하면 이것도 성과입니다.

실적과 성과가 나면 우리는 어떤 변화를 기대합니다. 그것을 기대효과라고 합니다. 기대한 효과가 안 나타나면 어떻게 될까요? 불만족스러울 겁니다. 그러면 다시 문제가 됩니다. 이것이 바로 비즈니스에서 일이 돌아가는 것을 설명한 비즈니스 사이클입니다.

여기에서 우리는 중간 중간에 보고서를 씁니다. 전략에서 보고서를 쓰면 전략보고서, 업무에서 쓰면 업무보고서, 실적에서 쓰면 결과보고서입니다. 이 보고서를 중간관리자한테 전달합니다. 그러면 중간관리자가 검토하고 최종 의사결정권자에게 보고합니다.

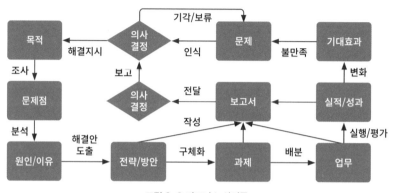

그림 2-3 비즈니스 사이클

비즈니스 논리와 데이터

많은 사람이 보고서를 잘 쓰고 싶어 합니다. 그런데 보고서를 잘 쓰려면 먼저 일을 제대로 해야 합니다. 일을 제대로 한다는 것은 비즈니스 사이클에 맞게 일한다는 것입니다.

예를 들어 지난달 매출이 20% 줄었다고 보고한다고 해보겠습니다. 그러면 상사 머릿속에 드는 생각은 '왜 그렇지?', '근거가 뭐지?', '어쩌다 이렇게 된 거지?' 같은 것입니다. 이 질문에 대답하려면 비즈니스 사이클대로 일을 해야 합니다. 어떤 업무를 했고, 그것이 어떤 과제와 전략에서 나왔고, 누가 왜 의사결정을 했는지 되짚어야 합니다. 그 논리가 바로 'Why so?'입니다. 비즈니스 사이클에서 시계 방향으로 논리를 찾아가는 것을

Why so 비즈니스 논리라고 합니다. 왜 그런지, 근거는 무엇인지 찾는 논리입니다.

그렇다면 시계 반대 방향으로 가는 논리도 있을까요? 매출이 20% 줄었다고 보고하면 상사의 머릿속에는 또 이런 생각이 듭니다. '그래서?', '이제 어떻게 하지?', '말하고자 하는 결론이 뭐지?' 그러면 우리는 이렇게 대답합니다. 문제가 심각하니 의사결정을 해서 조사하고 전략 짜서 과제를 만들고 업무를 해야 한다고요. 이것이 바로 결론에 대한 논리, 즉 So what? 논리입니다. '어쩌라고?', '결론이 뭔데?', '그래서 어떻게 할 건데?'의 논리입니다.

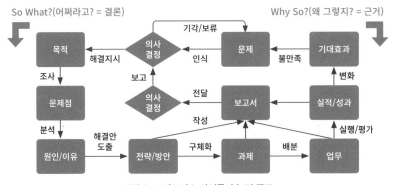

그림 2-4 비즈니스 사이클과 논리 구조

비즈니스는 기본적으로 논리 체계를 갖고 있습니다. 여러분이 어떤 지시를 받았는데, 조사도 안 하고 분석도 안 하고 전략도 없이 그냥 업무 계획만 보고했다고 해봅시다. 그러면 그것은 100% 논리 비약입니다. 실적과 성과를 제시했는데, 왜 그런 값이 나왔는지 설명할 수 없다면 근거 부족입니다.

이제 여기서 데이터가 나옵니다. 문제점을 조사하고 분석할 때 데이터를 조사하고 분석합니다. 실적이나 성과도 데이터를 만들어 냅니다. 데이터 변화를 관찰하면서 기대효과가 나타나는지도 확인합니다.

이런 데이터는 중간에 정보로 바뀝니다. 데이터 중에서 가치가 있는 것이 정보입니다. 보고는 데이터를 정보로 바꾸는 과정이라고 할 수 있습니다. 데이터가 정보가 되면 그것을 가지고 전략이나 과제를 만듭니다. 문제를 찾거나 의사결정을 하기도 합니다.

비즈니스 사이클에 따라 정보가 잘 흘러야 합니다. 정보는 비즈니스 사이클 각 단계에서 나오고 다음 단계로 흘러가야 합니다. 정보가 잘 소통이 돼야 합니다. 이렇게 비즈니스에서 정보가 잘 소통되게 만드는 기술이 있습니다. 바로 ICT입니다. Information Communication Technology를 줄여서 ICT라고 합니다.

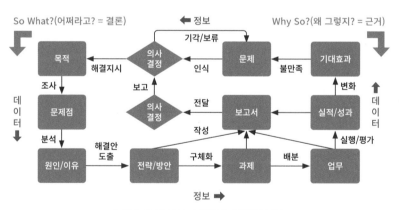

그림 2-5 비즈니스 사이클과 데이터와 정보

정보는 기본적으로 데이터에서 나옵니다. 따라서 ICT는 데이터를 다루는 기술이라고도 할 수 있습니다. 우리나라에서 처음 탄생한 ICT 기업 삼성 SDS의 'SDS'가 바로 'Samsung Data System'인 이유도 그것입니다.

3

데이터 미신과
현실

데이터 과학자가 될 수 있다는 미신

혹시 데이터 과학자 초봉이 3억 원이라는 말 들어봤나요? 심지어 신입사원 연봉이라고 합니다. 데이터 과학을 전공만 해도 신입 초봉이 3억 원이라는 게 정말일까요? 3억 원이라는 연봉으로 시작하고 승진 몇 번 하면 10억 원도 번다는데 진짜일까요?

데이터 과학자, 즉 데이터 사이언티스트라고 하는 것은 일종의 신화입니다. 이 신화는 미국의 유명한 비즈니스 잡지에서 시작됐습니다. 데이터 사이언티스트를 21세기의 가장 섹시한 직업이라고 한 것입니다.

이 글을 쓴 사람 중 한 명은 D. J. 패틸(D. J. Patil)이라는 사람입니다. 이 사람은 미국 최초로 백악관의 과학기술 자문 부서의 CDS, 즉 Chief of Data Scientist가 됐고, 그래서 엄청나게 유명해졌습니다. 이 사람은 원래 수학자 겸 컴퓨터 과학자입니다. 이 사람이 만든 말이 바로 이 데이터 사이언티스트, 즉 데이터 과학자입니다.

DATA

Data Scientist: The Sexiest Job of the 21st Century

by Thomas H. Davenport and D.J. Patil

FROM THE OCTOBER 2012 ISSUE

When Jonathan Goldman arrived for work in June 2006 at LinkedIn, the business networking site, the place still felt like a start-up. The company had just under 8 million accounts, and the number was growing quickly as existing members invited their friends and colleagues to join. But users weren't seeking out connections with the people who were already on the site at the rate executives had expected. Something was apparently missing in the social experience. As one LinkedIn manager put it, "It was like arriving at a conference reception and realizing you don't know anyone. So you just stand in the corner sipping your drink—and you probably leave early."

October 2012 Issue

그림 3-1 데이터 과학자는 섹시한 직업?

D. J. 패틸이 말하는 데이터 과학자는 통계를 잘 알면서 비즈니스 도메인도 잘 알고 프로그래밍도 할 수 있는 사람입니다. 통계도 굉장히 잘 알고, 내가 하는 비즈니스 업무에 대한 도메인 지식도 충분하고, 컴퓨터 프로그래밍까지 할 수 있는 사람을 데이터 과학자라고 말하는 것입니다. 그리고 이런 사람이 되면 신입이라도 연봉 3억 원을 받을 수 있다는 것입니다.

여러분 생각은 어떻습니까? 이런 사람이 과연 존재할까요? 그렇지 않습니다. 이런 사람은 슈퍼맨입니다. 이런 사람은 거의 없다고 보면 됩니다.

많은 사람이 데이터를 한 사람이 찾아서 가공하고 분석하고 통계 내고 프로그래밍하고 보고서를 쓴다고 생각합니다. 하지만 실제 데이터가 있는 비즈니스 현장에서는 그 모든 일을 한 사람이 하는 경우는 거의 없습니다.

통계를 잘한다면 그냥 통계 일만 해도 충분한 연봉을 받습니다. 컴퓨터 프로그래밍을 잘한다면 그것만 해도 충분히 먹고 삽니다. 데이터에서 인사이트를 찾는 분석과 기획을 잘한다면 그것만으로도 CEO가 될 수 있습니다.

그런데 통계도 잘하면서 컴퓨터 프로그래밍도 잘하고 그 업계의 비즈니스도 잘 알고 있다고요? 그건 마치 제품 생산도 할 수 있고, 영업도 할 수 있고, 회계도 할 수 있고, 특허도 낼 수 있다는 것과 같습니다. 그런 사람은 존재하지 않습니다.

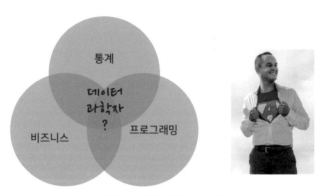

그림 3-2 데이터 과학자는 슈퍼맨

비즈니스는 각 분야의 사람이 모여서 함께 일하면서 부가가치를 만들어 냅니다. 각각의 영역에서 잘하는 사람이 모여서 데이터를 분석하고 가공하고 활용합니다. 데이터 분석은 개인이 아니라 팀이 해야 하는 일입니다.

그래서 데이터를 활용하겠다고 하면 일단 통계를 잘하는 통계 전문가, 비즈니스 업무를 잘 아는 비즈니스 전문가, 프로그래밍을 해서 필요한 기술을 만들어 내는 프로그래밍 전문가 등의 사람들이 모여서 힘을 합쳐야 합니다.

예를 들어 우리가 자동차를 운전해서 출근하고 퇴근할 때를 생각해 보세요. 이때 운전은 혼자 하나요? 아닙니다. 우리는 운전할 때 누군가의 도움을 받습니다. 대표적인 것이 내비게이션입니다. 내비게이션이 길을 조사하고 연구해서 통계를 낸 뒤 어느 길이 최적인지 알려주면 그대로 따라서 운전합니다. 사실 여러분은 핸들을 돌리거나 액셀을 밟는 것 말고는 딱히 하는 게 없습니다.

타이어에 펑크가 나거나 엔진오일 상태등에 불이 들어왔다면 어떻게 할까요? 여러분이 직접 타이어를 교체하거나 엔진오일을 바꾸나요? 브레이크가 고장 났다고 해서 직접 수리하나요? 그렇지 않습니다. 바로 정비소에 갈 겁니다. 정비소의 정비 기사가 자동차를 점검하거나 수리합니다. 여러분이 자동차를 운전한다고 해서 직접 정비 기술을 배워야 하는 것은 아닙니다. 게다가 영업직으로 일하는데 정비 기술이 있다고 해서 월급을 더 주는 것도 아닙니다. 오히려 상사는 화를 낼 겁니다. 차 정비할 시간에 영업이나 더 뛰라고 하면서 말입니다.

우리가 데이터를 가지고 뭔가 부가가치를 내기 위해서 통계학자가 컴퓨터 프로그래밍을 배우거나 기획자가 통계를 배우거나 개발자가 업계 도메인 지식을 알아야 하는 것은 아니라는 뜻입니다. 물론 통계학자가 업계 지식을 조금이라도 알고 개발자가 통계를 조금이라도 알면 좋겠다, 라는 말을 합니다. 이것은 단지 '조금' 더 알면 좋다는 것이지 그 분야의 '전문'이 될 필요는 없습니다. 인접 분야의 기술을 활용하는 것이 핵심이지 그 분야의 과학을 터득할 필요는 없다는 겁니다.

과학과 기술, 부와 지식

여기서 과학과 기술의 차이를 한번 말씀드리고 싶습니다. 우리는 흔히 과학과 기술을 같은 것으로 보기도 합니다. 하지만 과학과 기술은 엄연히 다릅니다.

일단 여러분이 부유하다고 해봅시다. 여러분은 막대한 부를 가지고 있습니다. 이때 부유함은 단순히 돈(money)이 많다는 것만 의미하는 것은 아닙니다. 돈도 있고 여유도 있고 주변에 가용한 사람도 많은 상태, 즉

'Wealth'한 상태라고 해봅시다.

부유하면 자신이 가진 것을 이용해서 지식(Knowledge)을 만들어 냅니다. 예를 들어 국가가 부유하면 역사를 연구해서 역사책을 만들어 냅니다. 수학을 연구해서 수학 이론을 만들어 냅니다. 그렇게 가진 것을 투자해서 어떤 지식 체계를 만들어 냅니다. 그래서 부유한 국가일수록 도서관이나 박물관 같은 것을 엄청 많이 짓습니다. 이것이 바로 과학입니다. 부로 지식을 만들어 내는 것이 과학입니다.

그렇다면 기술은 무엇일까요? 기술은 반대입니다. 이미 만들어져 있는 지식을 활용해서 부를 만들어 냅니다. 이미 만들어진 컴퓨터 이론이나 수학 이론을 가지고 인공지능 기술을 만들어 돈을 버는 겁니다. 이미 만들어진 화학과 천문학을 가지고 인공위성을 쏘아 올려 위성 서비스로 돈을 버는 겁니다.

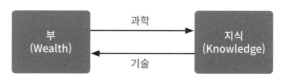

그림 3-3 부와 지식, 과학과 기술의 차이

자, 그렇다면 보통 직장인이 데이터 분석을 해 보려고 과학을 한다는 게 가능할까요? 보통 기업이 데이터 분석을 해 보겠다고 해서 데이터 지식 체계, 데이터 분석 체계, 통계 원리나 알고리즘, 이런 것들을 만들어 내는 게 가능할까요? 사실 그런 것은 대학이나 연구소, 또는 업계 최선두 기업이 막대한 부를 투자해야 할 수 있는 일입니다.

보통 직장에 다니는 보통 직장인은 대학이나 연구소, 선진 기업이 만들어 놓은 지식, 알고리즘, 프로그램 같은 것을 잘 사용하고 활용해서 부를 만들어 내는 일에 집중하는 것입니다. 그것이 바로 기술이고 기술적 활용입니다. 영업을 담당하는 사람은 영업하기 위해 자동차를 만들 필요가 없습니다. 내비게이션이나 기차를 만드느라 투자할 필요도 없습니다. 그냥 자동차를 렌트해서 운전하면 되고, 내비게이션을 사서 설치하면 되고, 기차역에서 표만 끊고 타면 됩니다.

비즈니스맨에게 데이터는 과학이 아닙니다. 기술입니다.

4

통계, 인공지능,
빅데이터, 의사결정

통계와 인공지능/빅데이터 분석의 차이

여러분, 오늘도 엑셀을 쓰고 있나요? 우리가 거의 매일 쓰는 엑셀은 통계를 내기에 아주 좋은 툴입니다. 엑셀에서 자주 쓰는 Sum, Average, Count, Large, Small, Max, Min 같은 함수가 대부분 통계를 내는 겁니다. 이런 것을 기술통계량이라고 하는데, 어떤 데이터의 특성을 설명(=기술)하는 데 사용합니다. 사실 보통 직장인은 이 정도만 이용합니다.

자료를 수치로 요약해서 나타내는 기술통계량에서 더 나아가면 아마도 상관분석부터 시작할 겁니다. 여기서부터 이른바 통계 분야로 들어갑니다. 상관분석은 두 변수의 관계를 찾는 겁니다. 엑셀에서는 Correl 함수를 사용하면 됩니다. '=CORREL(A1:A10, B1:B10)'이라고 쓰면 A 열 10개 데이터와 B 열 10개 데이터를 비교해서 두 데이터 그룹이 얼마나 상관이 있는지 상관계수를 보여줍니다. 기온에 따라 아이스크림 판매량이 달라질 때 기온과 아이스크림 판매량의 상관관계를 보여줍니다. 회귀분석도 있습니다. 두 변수 사이에 인과관계가 있는지 찾는 것입니다. 분산분석은 여러 집단의 차이를 찾아줍니다.

통계는 기본적으로 가설이나 가정에서 시작합니다. 두 데이터 그룹에 어떤 상관이 있다거나 한쪽이 다른 쪽에 영향을 준 결과일 것이라는 가설이나 가정에서 시작합니다. 또는 표본 데이터가 전수 데이터를 확실히 대변할 것이라고 보는 것입니다. 그래서 정교한 분석 기법으로 분석의 정확도를 높이는 것을 매우 중요하게 생각합니다. 신뢰 수준 95% 같은 말이 그래서 나오는 겁니다.

통계로 가설이나 가정을 증명하면 거기에서 어떤 통찰이나 시사점이 나옵니다. 그런데 통찰이나 시사점을 찾는 것은 통계를 낸 사람이 아니라, 통계를 보는 사람입니다. 통계 자체는 그냥 가설이나 가정을 증명하는 것으로 끝입니다. 그다음에 뭘 할지는 통계를 보는 사람이 다시 생각해야 합니다. 즉, 통계는 기온과 아이스크림 판매량이 상관있다는 것을 증명만 합니다.

여기서 통계의 맹점이 생깁니다. 배우고 이해하기는 굉장히 어렵고 복잡한데, 막상 시간과 노력을 들여서 배웠다고 할지라도 산출물은 그냥 증명까지입니다. 비즈니스에서는 증명까지만 해서는 뭘 할 수 있는 게 없습니다. 그래서 비즈니스에서 보통 직장인은 통계를 이용할 이유가 별로 없습니다. 증명 자체로 의미가 있는 대학에서 통계를 쓰는 이유가 여기에 있습니다. 석사나 박사 학위를 딸 때 논문을 쓰는데, 그때 통계를 쓰는 이유가 증명만으로 충분하기 때문입니다.

최근에는 인공지능과 빅데이터 분석이 널리 사용되고 있습니다. 인공지능은 빅데이터를 사용하고, 빅데이터를 분석하는 데 인공지능을 사용하기 때문에 여기서는 인공지능/빅데이터 분석이라고 하겠습니다.

인공지능/빅데이터 분석은 통계와 좀 많이 다릅니다. 둘 다 데이터를 분석하는 것은 마찬가지지만 목적 자체가 다릅니다. 인공지능/빅데이터 분석은 가설이나 가정에서 시작하지 않습니다. 전혀 어울릴 것 같지 않은 대상 간에 어떤 관계나 연관성을 도출합니다.

예를 들어 기온과 아이스크림은 상식적으로 관계가 있을 것 같습니다. 그래서 통계적으로 풀어볼 만합니다. 그런데 어떤 지역에 오늘 강도 사건이 발생하리라는 것은 어떻게 가정할 수 있을까요? 어제 쇼핑몰에서 맥주를 산 고객이 오늘 다시 방문했을 때 무슨 상품을 살지 어떻게 가설을 세울 수 있을까요?

인공지능/빅데이터 분석은 여러 기법을 사용해서 데이터를 다양한 방식으로 분석합니다. 그래서 예상치 못한 결과를 도출해내는 것을 중요시합니다. 사람의 기본적인 가설이나 가정을 넘어서, 어떤 의사결정에 필요한 선택지를 그냥 꺼내서 주는 겁니다. 인공지능/빅데이터 분석을 하고 나면 그냥 어느 지역에 강도 사건이 발생한다, 어제 쇼핑몰에서 맥주를 산 고객은 오늘 기저귀를 살 것이라고 알려줍니다.

통계가 데이터의 특성이나 두 변수의 관계를 찾는 것이라면, 인공지능/빅데이터는 당장 우리 비즈니스에 필요한 안을 제시해 줍니다. 그래서 주로 사용하는 기법이 의사결정나무, 이미지 분류, 텍스트 분석, 추천시스템 같은 것입니다.

의사결정나무는 수많은 데이터를 인공지능이 분석해서 우리가 어떻게 의사결정하면 되는지 알려주는 기법입니다. 예를 들어 편의점 수천 곳의 면적, 고객 수, 판매 데이터, 직원 나이, 근무 연수, 주차장 여부, 앞쪽 차로 수, 문 두께, 행사 제품 수 등 그다지 관계없어 보이는 데이터를 그냥 집어넣으면 인공지능이 분석해서 우리에게 어떤 요소가 매출에 얼마나 영향을 주는지 알려줍니다.

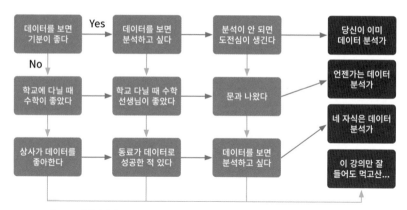

그림 4-1 의사결정나무는 잡지 뒷장에 나오는 심리, 성격, 궁합 맞히기 게임과 비슷하다. 화살표를 따라가면 결과가 나온다.

추천시스템은 이미 널리 사용되고 있습니다. 유튜브나 넷플릭스는 추천시스템을 이용해서 구독자들에게 영상이나 영화를 추천해 줍니다. 사람들이 어떤 영상을 보는지, 그 영상을 본 사람들이 다음에 어떤 영상을 보는지, 그 영상과 관련된 다른 영상은 무엇인지, 이런 것을 인공지능이 엄청난 속도로 분석해서 개인이 좋아할 만한 영상을 추천해 줍니다.

이런 기술은 이미 우리도 쉽게 쓸 수 있습니다. 예를 들어 네이버는 고객 개인의 선호도를 기반으로 상품을 추천하는 AiTEMS라는 서비스를 제공합니다. 사용자 이력과 프로필을 분석해서 얻은 정보와 상품 메타 정보를 매칭해서 사용자가 살 만한 상품을 추천해 줍니다. 사용자 A, B, C가 모두 원피스를 검색했더라도 그들의 이력과 프로필을 분석해서 맞춤형 상품을 먼저 보여줍니다.

그림 4-2 사용자가 구매할 확률이 높은 상품을 사용자별로 추천한다.

네이버의 추천 서비스의 원리는 대강 이렇습니다. 각종 데이터를 수집해서 인공지능 분석 모델을 만듭니다. 그다음에 추천 엔진을 만들어 기업이나 쇼핑몰에 결과를 제공합니다.

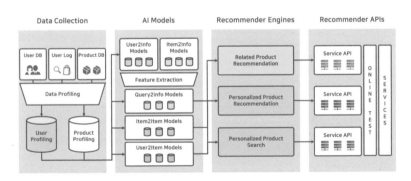

그림 4-3 네이버 개인화 상품 추천 시스템(AiTEMS)의 원리

통계가 증명으로 끝나는 것과 달리 인공지능/빅데이터 분석은 비즈니스에 안을 던져줍니다. 그렇다고 해서 우리가 인공지능/빅데이터 분석 기술과 기법을 배워야 할까요? 그건 아닙니다. 지금 여러분이 인공지능/빅데이터 분석을 배운다고 해도 결코 그것을 전문으로 하는 사람을 이길 수는 없습

41

니다. 그러니 전문가나 전문기업이 만들어 놓은 인공지능/빅데이터 서비스를 이용하는 것이 훨씬 낫습니다.

인공지능/빅데이터 기반 보고와 의사결정

비즈니스는 항상 데이터로 뭔가를 하려고 합니다. 최근 많은 CEO가 가장 하고 싶은 것은 인공지능/빅데이터 기반의 의사결정입니다. 이것 때문에 데이터 리터러시, 인공지능 기술, 빅데이터 분석 기술을 배우는 직장인이 많이 늘었습니다. 그렇다면 도대체 인공지능/빅데이터 기반 의사결정이란 무엇일까요?

넷플릭스와 스티치 픽스(Stich Fix)에서 추천 알고리즘을 개발했던 에릭 콜슨(Eric Colson)이 2019년에 〈하버드 비즈니스 리뷰〉에 쓴 글 "What AI-Driven Decision Making Looks Like"를 소개하고자 합니다.

사람들은 지금까지 개인의 판단으로 비즈니스 의사결정을 했습니다. 이때 사용한 것은 감이나 경험, 연륜이나 노하우 같은 것이었습니다.

그러다가 빅데이터가 점점 늘어나자 컴퓨터를 이용해 빅데이터를 요약했습니다. 사람은 요약 데이터를 가지고 여전히 감이나 경험으로 판단하곤 했습니다.

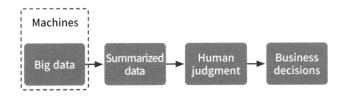

그런데 빅데이터에 인공지능 기술을 더해서 컴퓨터가 그냥 의사결정을 할수도 있지 않을까요? 사람의 판단을 전혀 포함하지 않고 컴퓨터가 데이터 수집부터 의사결정까지 하는 겁니다. 자율주행차가 그 대표적인 예입니다. 물론 자율주행차가 비즈니스 의사결정이라고 할 수는 없습니다. 단순히 현 상황에서 적절한 반응이나 대응의 수준일 겁니다.

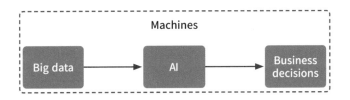

그렇다면 빅데이터와 인공지능 기술을 활용해서 컴퓨터가 우리에게 '안(案)'을 제시한다면 어떨까요? '안'은 문제를 해결하는 더 좋은 방법입니다. 보고(안), 기획(안)이라고 쓰곤 합니다. 안을 만들어서 일으키는 것을 기안(起案)이라고 합니다. 보고서나 기획서를 쓰면 기안을 올립니다. 보고서나 기획서를 기안서라고도 하고요.

기안서에는 여러 안이 들어 있습니다. 기안서 자체가 여러 안을 검토한 것이니까요. 그렇다면 이런 안을 컴퓨터가 알아서 만들어서 사람에게 제시하고, 사람은 감이나 경험, 연륜이나 노하우 같은 다른 정보를 더해서 비즈니스 의사결정을 할 수 있지 않을까요?

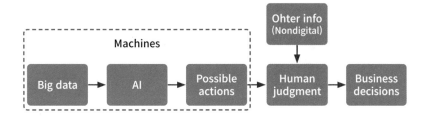

에릭 콜슨의 글이 알려주는 것은 바로 이것입니다. 빅데이터를 배우거나 인공지능을 배우거나 컴퓨팅 기술을 배우는 것이 핵심이 아니라는 겁니다. 컴퓨터가 빅데이터를 인공지능으로 분석해서 안을 제시하면, 그 안을 가지고 인간만이 가진 정보를 더해서 의사결정을 하라는 것입니다.

사람의 감이나 경험, 연륜이나 노하우를 무시하자는 것도 아니고, 빅데이터와 인공지능이 제시한 결과를 쓰지 말자는 것도 아닙니다. 둘을 합치는 것입니다. 사람의 감과 경험이 빅데이터와 인공지능의 경쟁상대가 아니라는 것입니다.

그렇다면 보통 직장인에게 남은 것은 알맞은 데이터를 선정해서 컴퓨터에 넘겨주고, 컴퓨터가 제공하는 여러 안 중에서 쓸모 있는 사실을 찾아내고 감과 경험을 바탕으로 올바르게 판단한 후, 실제로 실현 가능하고 최선인 주장을 내세우는 것입니다. 그것이 인공지능/빅데이터 기반의 보고이자 의사결정입니다.

데이터로
사고하라

비즈니스 데이터 사고
자료: 알맞은 자료 선정
사실: 쓸모 있는 사실 선정
판단: 올바른 판단 선정
주장: 최선의 주장 선정

5

비즈니스
데이터 사고

자료, 사실, 판단, 주장의 논리

보통 직장인에게 데이터가 필요한 이유는 하나입니다. 근거로 세우기 위해서입니다. 무엇인가를 주장하는 데 근거가 필요하기 때문에 데이터를 조사하고 수집하고 가공하고 통계 내고 분석하고 시각화하는 것입니다.

우리가 알아야 할 것은 데이터, 즉 자료에서 어떤 사실이 나오면 그 사실을 기반으로 판단하고, 그 판단에서 어떤 주장을 한다는 사실입니다. 이것이 So what 논리입니다.

예를 들어 어떤 자료가 있다고 상사에게 보고합니다. 그러면 상사는 'So what?'이라고 물을 겁니다. 그러면 우리는 이 자료에서 이런 사실을 알아냈다고 말할 것입니다. 그러면 상사는 또 'So what?'이라고 물을 겁니다. 그럼 우리는 이 사실을 보면 이런 판단이 든다고 합니다. 그러면 상사는 또 'So what?'이라고 묻습니다. 그럼 여러분은 이 판단을 토대로 이런 것을 해야 한다고 주장할 겁니다. 자료에서 사실로, 사실에 판단으로, 판단에서 주장으로 이어지면서 So what 논리에 대응할 수 있습니다.

그렇다면 이제 반대로 해봅시다. 주장에서 시작해서 판단으로, 판단에서 사실, 사실에서 자료로 이어질 수 있습니다. 여러분이 무언가 주장을 합니다. 그러면 상사가 'Why so?'라고 할 것입니다. 여러분은 이런 주장을 한 이유는 이런 판단 때문이라고 말합니다. 그러면 상사가 또 'Why so?'라고 할 것입니다. 여러분이 이런 판단을 내린 근거는 이런 사실 때문이라고 말합니다. 그러면 상사가 'Why so?'라고 할 겁니다. 그때 여러분은 이런 사실을 도출한 자료를 근거로 내놓습니다.

데이터를 기반으로 비즈니스 질문에 대답한다는 것은 결국 비즈니스의 논리 구조인 So what과 Why so에 대응한다는 것입니다. 이 논리 체계에 대응하는 가장 좋은 방법이 바로 자료, 사실, 판단, 주장을 이어서 하는 겁니다.

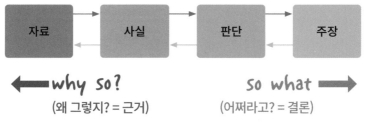

그림 5-1 비즈니스 데이터 논리 체계

그런데 So what과 Why so에 대한 대답은 무한합니다. 자료도 무한하고 사실도 무한하고 판단도 무한하고 주장도 무한합니다. 같은 자료에서 반대 사실이 나오기도 하고, 같은 사실을 두고 사람마다 다른 판단을 하기도 합니다. 같은 판단에서도 주장이 제각각이고요.

예를 들어 물가가 오른다고 할 때 물가라는 자료를 만드는 기준이 나라마다 다릅니다. 어떤 나라는 부동산 가격의 비중을 높이기도 하고 어떤 나라는 에너지 가격을 국가가 통제하기도 합니다. 이름은 같지만 자료 자체가 다를 수 있습니다.

자료를 보고 서로 다른 사실을 얘기하는 경우는 뉴스에서 많이 볼 수 있습니다. 정치권에서는 여야에 따라 서로 다른 사실을 얘기합니다. 판단도 마찬가지입니다. 매출이 작년에 비해 10% 올랐다고 했을 때 많이 오른 건가요? 적게 오른 건가요? 아니면 적절한가요? 어떻게 판단할까요? 만약 매출이 적게 올랐다면 더 올리기 위해 무엇을 주장할까요? 사원의 주장, 팀장의 주장, CEO의 주장이 다 다를 겁니다.

그래서 우리에게는 데이터 역량이 필요합니다. 데이터 역량은 자료, 사실, 판단, 주장을 잘하는 것입니다.

첫째, 자료는 무한하기 때문에 우리는 알맞은 자료를 모아야 합니다. 전혀 엉뚱한 자료를 가져와서 주장하면 안 됩니다. 내가 주장하고자 하는 것에 알맞은 자료를 모으는 능력이 필요합니다.

둘째, 사실이 무한하기 때문에 우리는 자료에서 쓸모 있는 사실을 끄집어내야 합니다. 자료에서 엄청나게 많은 사실을 끄집어낼 수 있습니다. 그런데 그 사실이 쓸모 있어야 합니다. 자료를 보고 흥분하거나 안타까워만 해서는 안 됩니다. 자료에서 쓸모 있는 사실을 꺼냈을 때 자료가 정보가 되는 겁니다.

셋째, 판단이 무한하기 때문에 우리는 올바른 판단을 내려야 합니다. 똑같은 사실을 가지고도 전혀 다르게 판단할 수 있습니다. 이것은 충분히 그럴 만합니다. 그래서 올바른 판단을 내리는 능력이 중요합니다.

넷째, 주장도 무한하기 때문에 최선의 주장을 만들어야 합니다. 우리는 주장할 수 있는 것이 굉장히 다양합니다. 그것을 우리는 '안'이라고 하고 그 안을 올리는 것을 '기안'이라고 합니다. 안은 얼마든지 만들어 낼 수 있습니다. 아이디어 같은 것입니다. 그래서 그 주장이 우리에게 최선인지 아닌지를 알아야 합니다. 가능하다면 최선의 주장을 선택해야 합니다.

이것이 비즈니스 데이터 역량 4가지입니다. 알맞은 자료를 모으는 능력, 자료에서 쓸모 있는 사실을 끌어내는 능력, 사실을 토대로 올바른 판단을 내리는 능력, 판단을 토대로 최선의 주장을 만드는 능력. 이 네 가지 역량을 배워야 합니다.

자료	자료는 무한하다	➡	알맞은 자료를 모으는 능력
사실	사실도 무한하다	➡	자료에서 쓸모 있는 사실을 끌어내는 능력
판단	판단도 무한하다	➡	사실을 토대로 올바른 판든을 내리는 능력
주장	주장도 무한하다	➡	판단을 토대로 최선의 주장을 만드는 능력

그림 5-2 비즈니스 데이터 역량 4가지

확산과 수렴의 사고

비즈니스 데이터 역량을 잘 발휘하려면 비즈니스 데이터 사고력이 필요합니다. 일단 비즈니스의 가장 기본적인 사고인 확산과 수렴을 얘기해 봅시다.

우리는 어떤 문제를 해결하기 위해 여러 가지 아이디어를 냅니다. 상대방에게 얘기도 하고 혼자 적기도 합니다. 이것이 바로 '확산'입니다.

중요한 것은 아이디어를 일단 많이 내는 겁니다. 아이디어를 하나만 냈다고 해볼까요? 그랬다가 나중에 더 좋은 아이디어가 생각나면 어떨까요? 안타까울 것입니다. 현재 좋은 아이디어가 있다고 할지라도 좋은 아이디어를 더 내고 검토해 봐야 합니다. 그래야 일을 더 잘할 수 있고 성과도 더 높아집니다.

그래서 비즈니스 사고의 가장 기본은 확산입니다. 다다익선, 많으면 많을 수록 좋습니다. 회사에서 직원들을 대상으로 아이디어를 많이 모읍니다. 신사업 아이디어 공모전 같은 것도 합니다. 다 이런 이유 때문입니다.

자, 그러면 아이디어가 많이 모였습니다. 그러면 이제 어떻게 해야 할까요? 당연히 좋은 아이디어, 안 좋은 아이디어, 보통 아이디어, 좋기는 한데 지금 하기는 애매한 아이디어를 정의하고 나누고 솎아내야 합니다. 이런 과정을 '수렴'이라고 합니다. 아이디어를 많이 내고 난 다음에 좋은 아이디어를 모으는 것, 좋은 아이디어 몇 개를 선정하는 것, 그것이 수렴입니다. 이것이 비즈니스의 가장 기본적인 사고인 확산과 수렴입니다.

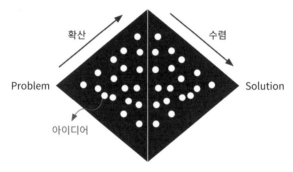

그림 5-3 비즈니스 사고의 기본인 확산과 수렴

그럼 데이터 관점에서는 어떨까요? 데이터 관점에서도 바로 이 비즈니스 사고가 그대로 적용됩니다. 자료, 사실, 판단, 주장을 사고할 때 비즈니스 사고가 그대로 적용됩니다.

우선 자료에 적용해 보겠습니다. 우리가 어떤 것을 조사하면 자료가 나옵니다. 여러분도 어떤 일을 지시받으면 일단 컴퓨터를 켜고 인터넷으로 검색합니다. 그때 굉장히 많은 자료가 나옵니다. 검색어를 여러 가지로 바꿔서 검색하기도 합니다. 웹이나 뉴스, 이미지나 동영상 카테고리로도 검색

합니다. 이렇게 자료를 다양하게 찾아내는 활동이 탐색, 즉 Discover입니다. 이것이 확산입니다.

그런데 자료를 많이 찾다 보면 쓸데없는 자료도 있습니다. 좋은 자료지만 신뢰성에 문제가 있는 자료도 있고, 양이 방대해서 보고하기 어려운 자료도 있습니다. 그럴 때 알맞은 자료만 추려내야 합니다. 그게 Filter입니다. 즉, 목적에 맞게 자료를 Discover하고, 알맞은 자료를 추려내는 Filter의 과정을 거칩니다. 이것이 자료 관점의 비즈니스 데이터 사고입니다.

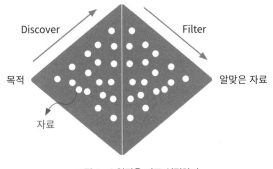

그림 5-4 알맞은 자료 선정하기

이번에는 사실을 볼까요? 앞에서 알맞은 자료를 선정했으면 그 자료를 토대로 사실을 도출합니다. 예를 들어 매출 자료를 가지고 매출이 올랐다거나 작년 대비 몇 % 올랐다거나 경쟁사와 비교하면 어떻다거나 하는 사실이 나옵니다. 이것이 자료에서 사실을 도출하는 Derive입니다. 자료에서 굉장히 많은 사실이 나올 테니 결국 비즈니스 사고인 확산입니다.

그런데 이렇게 사실을 도출하지만 이런 사실 중에는 쓸모없는 사실도 있습니다. 자료만 보면 알 수 있는 사실은 쓸모가 없습니다. 또 누구나 아는 사실이 있을 수도 있고요. 단순히 작년보다 두 배 올랐다고 하는 것보다 과거 5년은 매년 세 배 올랐는데 작년에는 두 배밖에 안 올랐다는 사실이 더 중요할 수 있습니다. 결국 쓸모 있는 사실을 골라내는 것이니 Filter가 필요합니다. 또 수렴 작업을 하는 것입니다.

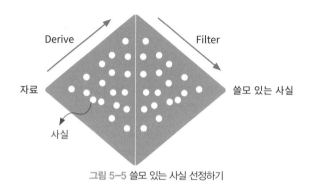

그림 5-5 쓸모 있는 사실 선정하기

판단도 마찬가지입니다. 쓸모 있는 사실을 선정했다면 거기에서 이제 판단을 해야 합니다. 어떤 것이 중요하다, 안 중요하다, 잘했다, 못했다고 정하는 것을 판단이라고 합니다. 판단하는 것은 결국 결정하는 것입니다. 즉, Decide입니다.

그런데 판단도 굉장히 다양하게 나올 수 있습니다. 올해 매출이 작년의 2.5배라고 하는 사실에서 어떤 사람은 잘했다, 어떤 사람은 보통이다, 어떤 사람은 못 했다고 할 수 있습니다. 일단 다양한 판단을 도출해 내고 그 다음에 또 Filter하는 것입니다. 그래야 올바른 판단으로 수렴됩니다.

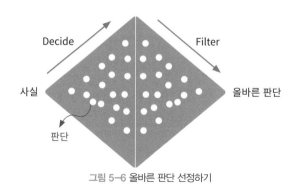

그림 5-6 올바른 판단 선정하기

이제 마지막은 주장입니다. 우리가 올바른 판단을 했다면 이제 뭘 해야 할까요? 무언가 주장해야 합니다. 작년 매출보다 2.5배 늘었지만 경쟁사보다는 훨씬 못했다면 경쟁사를 이길 더 좋은 방법을 만들어서 주장해야 합니다. 즉, 방법을 Develop해야 합니다.

주장도 엄청나게 많을 수 있습니다. 영업으로 경쟁할 수도 있고, 신제품을 출시할 수도 있고, 단가를 낮출 수도 있습니다. 유통하는 방식을 바꾸는 것도 가능합니다. 주장은 엄청나게 많습니다. 그러면 또 역시 Filter 작업을 해서 최선의 주장으로 수렴해야 합니다.

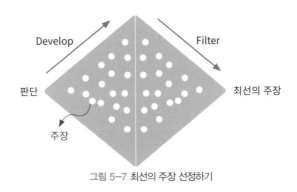

그림 5-7 최선의 주장 선정하기

비즈니스 데이터 사고를 위해 알맞은 자료를 선정하고, 쓸모 있는 사실을 선정하고, 올바른 판단을 선정하고, 최선의 주장을 선정하는 것은 모두 확산과 수렴의 사고로 가능합니다. 이것을 한데 모으면 자료, 사실, 판단, 주장이 모두 확산과 수렴으로 반복됩니다.

자료에서 사실, 사실에서 판단, 판단에서 주장으로 확산과 수렴을 계속해나가면 결국 So what이라는 비즈니스 논리를 완성하게 됩니다. 반대로 주장에서 판단, 판단에서 사실, 사실에서 자료로 근거를 찾아 나가면 Why so라는 비즈니스 논리를 완성합니다. 저는 이것을 비즈니스 데이터 사고를 위한 4 다이아몬드 모델(4 Diamonds Model)이라고 부릅니다.

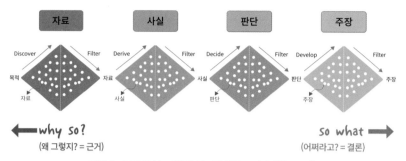

그림 5-8 비즈니스 데이터 사고를 위한 4 다이아몬드 모델

이렇게 자료, 사실, 판단, 주장을 수렴하고 확산하고 수렴하고 확산하고 하는 과정에 중요한 원칙이 있습니다. 이른바 비즈니스 데이터 사고 원칙입니다.

첫째, 같은 자료에서 완전히 다른 주장이 나올 수 있다는 것을 꼭 기억해야 합니다. 이것은 당연합니다. 무한한 자료에서 무한한 사실, 무한한 판단을 낼 수 있으니 당연히 같은 자료에서 완전히 다른 주장이 나올 수 있습니다.

둘째, 어떤 사실을 이야기할 때는 반드시 자료로 검증돼야 합니다. 검증되지 않은 사실을 얘기해서는 안 됩니다. 요즘 팩트 체크라는 말을 많이 쓰는데, 바로 이것을 의미합니다.

셋째, 판단할 때는 기준이 있어야 합니다. 예를 들어, 자녀가 학교에서 시험을 쳤는데 80점을 받았습니다. 잘한 건가요? 못한 건가요? 보통인가요? 만약 전체 평균이 60점이라면 잘했다고 말할 수 있습니다. 전체 평균이 90점이라면 못했다고 판단할 수 있습니다.

넷째, 실행할 수 없는 주장은 주장이 아닙니다. 제가 신입사원 강의를 할 때 신사업을 기획하는 것도 하는데, 어떤 신입사원은 회사 매출이 1조 원이 안 되는데 무려 10조 원이나 필요한 신사업을 기획하기도 합니다. 실행할 수 없는 주장은 주장이 아닙니다.

6

자료:
알맞은 자료 선정

자료를 찾기 전에 목적부터

어느 날 사장님이 한 직원에게 이런 지시를 내렸습니다.

"직원이 출근하기 편한 곳으로 회사를 이전하고자 하니 적절한 곳을 찾아 주세요."

그래서 직원이 이렇게 보고했습니다.

"직원 자택에서 직선거리로 가장 가까운 곳으로 하겠습니다."

아하, 직원마다 집을 회사와 직선으로 연결했을 때 가장 가까운 곳으로 회사를 이전하면 되겠군요. 그랬더니 사장님이 이렇게 얘기합니다.

"직선거리라고요? 우리가 날아다니나요? 슈퍼맨인가요? 어떻게 직선으로 회사에 갈 수 있죠?"

직원은 살짝 당황했지만 금방 다시 조사해서 보고합니다.

"승용차로 출근했을 때 시간이 가장 적게 걸리는 곳으로 하겠습니다."

이번에는 사장님이 살짝 당황하며 말합니다.

"그러면 지하철이나 버스로 출근하는 사람은요?"

모든 직장인이 승용차로만 출근할 것 같지는 않습니다. 지하철이나 버스를 타고 출근하는 사람도 있습니다. 요즘에는 출퇴근할 때 자전거나 킥보드를 타는 사람도 많아졌습니다. 그래서 또 고민합니다.

"그렇다면 지하철이나 버스로 출근하는 직원이 가장 빠른 곳으로 하겠습니다."

"지하철이나 버스가 좋기는 한데, 지하철역이나 버스정류장에서 회사까지 거리는요? 거리가 1km, 2km가 되면 걷느라고 힘이 다 빠지겠네요."

그래서 또 걷는 시간이 최소화되는 방법을 생각합니다. 하지만 지하철이나 버스를 서서 타고 가는 경우도 있습니다. 30분을 타도 서서 가느냐 앉아서 가느냐는 천지 차이입니다. 30분 서서 가느니 50분 걸려도 앉아서 가겠다는 사람도 있을 겁니다.

도대체 어떻게 해야 할까요? 과연 직원이 출근하기 편한 사옥을 정하려면 어떤 자료를 알아봐야 할까요? 한마디로 어떤 자료가 알맞은 자료일까요?

회사 사옥을 새로 알아보려고 하면 엄청나게 많은 자료가 필요합니다. 직선거리 자료도 찾거나 만들어야 하고, 승용차 보유 자료도 필요하고, 대중교통 자료도 파악해야 합니다. 이런 식으로 계속하다 보면 무한한 자료의 늪에 빠지게 됩니다.

이때 우리는 이런 생각도 해봅니다. 직원에게 물어보면 어떨까 하고요. 간단한 직원 설문 조사부터 시작합니다. 출근할 때 어렵거나 불편한 것이 무엇인지 물어봅니다.

직원의 대답은 다양할 겁니다. 출근할 때 승용차를 가져오는데 도로가 많이 막힌다거나 기름값이 올라 부담이 된다거나 주차할 곳이 마땅치 않아서 멀리 주차하니 거리가 있다거나 하는 말이 나옵니다. 버스를 타는 사람

은 배차 간격이 길어서 아침에 일찍 일어난다거나 지하철을 여러 번 갈아
타야 한다거나 하는 대답도 나올 것입니다.

이런 설문 결과를 가지고 우리는 다시 직원에게 물어봐야 합니다. 예를 들
어, 출근 시간을 늦추면 출근이 편해질지 물어보는 겁니다. 도로가 덜 막
히는 시간에 출근하면 어떨까요? 출근이 좀 더 편해지지 않을까요? 기름
값을 지원해 주면 어떠냐고도 물어봅니다. 그러면 출근 부담이 줄겠다고
대답할 것입니다. 회사 근처로 이사 올 수 있게 도와주면 어떨지도 물어봅
니다. 다들 좋다고 합니다. 직원에게는 뭘 물어보든 결국 회사가 해준다고
하면 다 좋아합니다.

자, 목적을 다시 한번 생각해 봅시다. 어떤 자료를 조사하기 전에는 목적
을 명확히 해야 합니다. 자료 조사의 시작은 목적이니까요. 그렇다면 여기
서 목적은 무엇인가요? 직원의 출근을 편하게 만드는 건가요? 그건 목적
이 아닙니다. 직원의 출근을 편하게 만드는 것은 사장의 아이디어일 뿐입
니다.

사장에게 이렇게 물어봅니다.

"직원의 출근을 편하게 만드는 이유가 뭡니까?"

그러면 사장이 한참 생각할 겁니다. 본인도 왜 직원의 출근을 편하게 만들
어야 하는지 생각한 적이 없을지도 모릅니다. 그냥 사옥을 옮겨야 할 어떤
계기가 있는데, 직원의 출근을 편하게 해주고 싶은 걸지도 모릅니다. 그
러나 사장은 평소 뭔가 마음에 안 드는 것이 있었고 그것이 직원의 출근을
편하게 만든다는 아이디어로 나왔을 수 있습니다. 예를 들어 직원이 출근
길이 힘들어서 오전에 업무에 집중을 잘하지 못하는 것을 여러 번 봤을 수
도 있습니다. 또는 그런 경험을 본인이 오랫동안 해왔을 수도 있습니다.

"직원의 출근길이 편해야 오전에 일을 잘할 수 있을 겁니다. 그래야 업무 생산성도 늘어날 거고요. 그런 관점에서 사옥 위치를 정하려고 해요."

이제 목적이 분명해졌습니다. 직원의 출근길을 편하게 하는 것은 목적이 아니라 수단입니다. 우리의 목적은 직원이 오전 업무에 더 집중하게 만드는 것입니다. 오전 업무 생산성을 높이는 것입니다. 즉, 직원의 출근길과 오전 업무 생산성을 인과관계로 본 것입니다.

그렇다면 우리가 먼저 찾아야 할 자료는 바로 이 인과관계를 증명할 자료입니다. 즉 출근 거리나 방법이 오전 업무 생산성과 무슨 상관이 있는지, 출근 소요 시간이나 기름값이 오전 업무 생산성과 무슨 관계가 있는지부터 알아봐야 합니다. 만약 출근 거리나 방법이 오전 업무 생산성과 아무 관계가 없다면 사옥 위치를 정할 때 출근 거리나 방법을 고려할 필요가 전혀 없습니다.

출근 소요 시간이 오전 업무 생산성과 관계가 있다면 이것이 인과관계인지도 분명히 조사해야 합니다. 즉, 출근 소요 시간이 줄어들면 오전 업무 생산성이 오르는 것을 원인과 결과로 나타낼 수 있는지 확인해야 합니다. 예를 들어 직원 모두의 출근 소요 시간을 파악한 다음 이 시간을 낮은 순으로 정렬했을 때 직원들의 오전 업무 생산성은 높은 순으로 보여야 합니다. 그래야 상관관계가 있는 것입니다.

출근 소요 시간과 오전 업무 생산성이 인과관계가 있는지는 실험으로 알아내야 합니다. 일정한 표본을 정해서 출근 소요 시간을 변경해 봅니다. 그리고 오전 업무 생산성의 변화를 보는 겁니다. 표본의 출근 소요 시간이 50% 줄어들었을 때 오전 업무 생산성이 10%라도 높아진다면 인과관계가 있다고 볼 수 있습니다. 물론 이때 비교집단이 있어야 하고, 비교집단은 출근 소요 시간 변경이 없고 오전 업무 생산성 변화도 없어야 합니다.

자료를 찾기 전에는 반드시 목적을 먼저 생각해야 합니다. 목적을 달성하는 데 영향을 주는 인과관계부터 먼저 분명히 하고 넘어가야 합니다. 따라서 맨 먼저 찾을 자료는 바로 인과관계를 증명할 자료입니다. 이것이 목적에 알맞은 자료입니다.

성과 평가와 인과관계

비즈니스는 인과관계로 모든 것을 설계하고 측정하고 보고합니다. 그래서 회사의 모든 시스템은 모두 인과관계를 전제로 합니다. 그중 가장 대표적인 것이 바로 성과 평가입니다. 바로 이 성과 평가를 위해 참으로 많은 자료를 매일 매주 매달 매년 보고합니다.

사실 현장에서 보면 이 자료가 왜 필요한지 의아할 때가 있습니다. 자료를 찾고 정리하고 보고하는 게 시간은 많이 잡아먹는데 얻는 이득은 별로 없거든요. 아무튼 기업은 성과 평가를 위해 거의 모든 자료를 요구합니다. 이때 성과 평가 관점에서 보고하는 자료는 크게 4가지가 있습니다. Input, Process, Output, Outcome입니다. 하나씩 살펴볼까요?

첫째, 인풋(Input)입니다. 이것은 시간과 노력입니다. 어떤 일을 하려면 직장인이 자기의 시간과 노력을 들여야 합니다. 그것이 인풋입니다. 인풋이 많아지면 일반적으로 아웃풋도 많아집니다. 즉, 회사에서 시간과 노력을 더 들일수록 성과는 어느 정도 좋아집니다.

그런데 시간과 노력을 무한정 들일 수는 없습니다. 시간은 어차피 정해져 있고, 역량도 한계가 있습니다. 우리는 정해진 시간을 잘 써야 합니다. 역량도 키워야 하고요. 그래서 열심히 배우고 성장해야 합니다. 회사에서 교육하면 적극적으로 수강하고 자격증도 따고 해야 합니다. 인풋을 늘리는 것은 학습과 성장을 통해 가능합니다.

둘째, 프로세스(Process)입니다. 프로세스는 회사의 다양한 활동입니다. 보고서 작성부터 공장의 생산 활동까지 사실상 모든 활동이 프로세스라고 할 수 있습니다. 이런 프로세스는 순서를 어떻게 하느냐, 어디에서 멈추느냐, 언제 하느냐 등 다양한 요인에 따라 결과가 달라집니다. 그래서 항상 프로세스를 개선하거나 혁신하려고 합니다.

프로세스를 개선하고 혁신하는 일은 결국 누군가에게 주어집니다. 그러면 그 사람에게는 프로세스 개선과 혁신이 성과 평가의 한 요소가 됩니다. 그렇다면 여러분 모두에게 프로세스를 개선하고 혁신하는 일이 주어질까요? 예, 당연히 주어집니다. 업무를 더 효율화하는 일은 항상 주어지는 임무이니까요. 그렇다면 프로세스를 개선하고 혁신하는 것은 내부 프로세스 관점이라고 볼 수 있겠네요.

셋째, 아웃풋(Output)입니다. 어떤 프로세스에 인풋이 들어가면 아웃풋이 나오는 것은 당연합니다. 회사에서 시간과 노력을 들여서 어떤 프로세스를 전개하면 그 결과는 다양하게 나옵니다. 예를 들어 어떤 사업을 제안하면 수주라는 결과가 나오고, 조사해서 정리하면 보고서가 나오고, 생산하면 판매라는 결과가 나옵니다.

비즈니스에서 모든 아웃풋은 돈으로 환산됩니다. 수주하면 얼마나 수주됐는지, 보고서를 쓰면 누가 몇 시간 일했는지, 판매하면 얼마를 벌었는지 다 나옵니다. 아웃풋은 결국 돈, 즉 재무 관점입니다.

넷째, 아웃컴(Outcome)입니다. 아웃컴은 인풋, 프로세스, 아웃풋의 결과로 얻어지는 일종의 효과입니다. 예를 들어 우리가 좋은 제품을 만들어서 고객에게 팔았다고 합시다. 우리의 시간과 노력은 인풋이고 생산과 배송은 프로세스입니다. 아웃풋은 고객이 내는 돈입니다. 그렇다면 아웃컴은 무엇일까요?

만약 고객이 우리 제품에 만족한다면 다음에 또 살 것입니다. 우리가 만드는 다른 제품을 구매할 수도 있고요. 주변에 추천하거나 SNS에 추천 게시물을 쓸 수도 있겠네요. 그러면 매출이 더 늘어날 것입니다. 아웃컴은 결국 고객 관점입니다.

인풋은 학습과 성장 관점, 프로세스는 내부 프로세스 관점, 아웃풋은 재무 관점, 아웃컴은 고객 관점입니다. 기업은 이 4가지 중 어느 한두 가지만 잘해서는 안 됩니다. 4가지를 균형 있게 실행하고 측정하고 관리해야 합니다. 그래서 이 4가지를 균형 있게 측정하고 성과로 평가하라고 하는 것이 바로 BSC(Balanced Score Card)입니다.

중견 이상 기업은 대부분 BSC를 성과 평가의 도구로 사용합니다. 그러다 보니 자연스럽게 모든 임직원의 인풋, 프로세스, 아웃풋, 아웃컴에 대한 자료를 요구합니다. 그 자료를 가지고 목표를 달성하고 있는지 보는 겁니다.

이때, 인풋과 프로세스는 일반적으로 부서원에게 중요한 지표가 됩니다. 이 인풋과 프로세스 지표를 관리하는 방법이 MBO(Management by Objectives)입니다. 반면, 아웃풋과 아웃컴은 부서장에게 중요한 지표가 됩니다. 이것을 관리하는 방법이 KPI(Key Performance Indicator)입니다. MBO는 부서원의 보수, 승진, 승격을 결정하고, KPI는 부서장의 보수, 승진, 승격을 결정합니다.

최근에는 이런 복잡한 성과 평가 체계를 단순화한 것이 있습니다. OKR(Objective and Key Result)이 그것입니다. BSC를 다루기에 벅찬 스타트업이나 빠른 성과 평가가 필요한 IT 기업에서 많이 사용합니다.

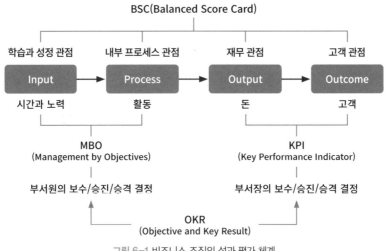

그림 6-1 비즈니스 조직의 성과 평가 체계

기업의 성과 평가 체계는 기본적으로 인과관계를 가집니다. 그러니까 인 풋과 프로세스는 원인이 되고, 아웃풋과 아웃컴은 결과가 됩니다. 결국 성 과 평가는 인과를 평가하는 것입니다.

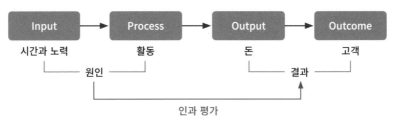

그림 6-2 성과 평가는 결국 인과 평가다.

어떤 교육을 수강할까 말까 고민한다고 합시다. 그 교육을 수강하면 그 것이 원인이 되어 아웃풋이나 아웃컴이라는 결과를 더 좋게 바꿀 수 있나 요? 그럴 수 있다면 그건 인과관계가 확실한 겁니다.

교육을 수강해도 아웃풋이나 아웃컴이 달라질 것 같지 않다면 그 교육은 비즈니스 인과관계가 없다고 볼 수 있습니다.

자, 이제 우리가 목적에 알맞은 자료를 제대로 보고하고 있는지 생각해볼 때입니다. 우리가 보고하는 자료는 결국 인과관계가 있는 자료여야 합니다. 그렇지 않다면 성과에 아무런 영향을 주지 않을 것이고 성과 평가 결과도 좋지 않을 것이기 때문입니다.

7

사실:
쓸모 있는 사실 선정

쓸데없는 차트, 쓸모 있는 차트

목적에 알맞은 자료를 찾았다면 이제 자료에서 쓸모 있는 사실을 끄집어 내야 합니다. 우선 간단한 차트를 하나 봅시다. 이 차트는 제품별 전월과 당월 매출을 비교한 것인데요. 이 차트에서 여러분은 어떤 사실을 알 수 있나요?

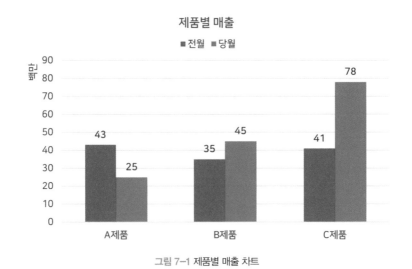

그림 7-1 제품별 매출 차트

어떤 분은 이렇게 얘기할 수 있을 것 같습니다. "A 제품 매출이 감소했다."라고요. 그러네요. A 제품 매출 감소했네요. 또 어떤 분은 이렇게 얘기할 수 있습니다. "A 제품 매출이 42% 줄었다."라고요. 어떤 분은 "B 제품 매출이 늘었다.", "A 제품 매출은 줄고 B 제품과 C 제품 매출은 늘었다."라고도 하겠네요.

그런데, 그래서요? A 제품 매출이 줄었다는데, 그래서요? B 제품과 C 제품 매출이 늘었다는데, 그래서요? 우리는 자료에서 쓸데없는 사실을 나열하곤 합니다. 차트를 보면 다 아는 것을 굳이 말이나 글로 설명하려고 합니다.

어떤 분은 A 제품 매출이 42% 줄었다는 것은 차트에 안 나와 있으니 쓸모 있는 내용이라고 말할 수도 있겠지만, 만약 그걸 얘기하고 싶다면 그냥 차트에 적으면 되지 않을까요?

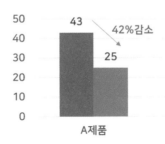

그림 7-2 차트를 설명하고자 한다면 차트에 설명 내용을 넣으면 된다.

많은 분이 차트를 그리고 차트를 설명하려고 노력합니다. 차트를 보면 금방 알 수 있고, 차트에 값이나 간단한 표시만 해도 보여줄 수 있는 것을 굳이 말이나 글로 설명하려고 합니다. 그리고 그것을 의미 있는 사실인 척 자랑합니다. 하지만 대부분 쓸데없는 사실입니다.

차트를 하나 더 봅시다. 이 차트는 A 제품의 월별 매출을 시계열 막대로 보여주고 있습니다. 전년 6월과 올 6월을 비교하면서, 동시에 상반기 월 매출 추이도 보여주고 있습니다. 그렇다면 이 차트는 우리에게 무엇을 설명하고 있는 것일까요?

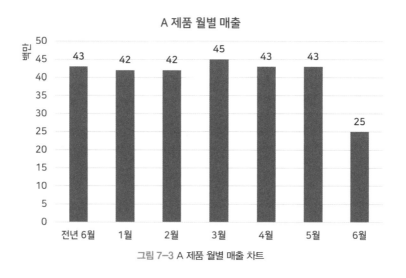

A 제품 월별 매출

그림 7-3 A 제품 월별 매출 차트

바로 알아채셨나요? 올 6월에 매출이 이례적으로 급락했습니다. 이 차트를 보면 작년부터 월평균 4천3백만 원 정도 매출이 나던 것이 올 6월에 갑자기 확 줄어든 것을 알 수 있습니다. 이것은 이례적인 현상입니다. 이것을 차트가 보여주고 있습니다. 차트가 우리에게 설명하고 있는 겁니다.

그렇다면 이제 우리는 이런 질문을 할 겁니다. "올 6월에 무슨 일이 있었던 거죠?"라고요. 현장 영업팀에 물어보니 경쟁사에서 할인된 신상품을 6월에 출시했고 엄청난 프로모션을 진행해서 우리 제품이 안 팔렸다고 합니다. 그러면 우리도 같이 프로모션을 하든지, 아니면 경쟁사 프로모션이 끝날 때까지 재고를 관리하든지 뭔가 대책이 나올 것입니다. 이것이 바로 쓸모 있는 사실입니다.

중요한 것은 이 사실을 차트에 적어줘야 한다는 겁니다. 6월 매출 바로 위에 적으면 됩니다.

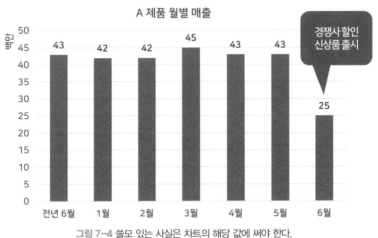

그림 7-4 쓸모 있는 사실은 차트의 해당 값에 써야 한다.

사실을 차트 안에 쓰지 않고 차트 제목에 써도 됩니다. 이때 인과 관계로 짧게 요약해도 좋습니다. '경쟁사 할인 신상품 출시로 6월 매출 급락' 같은 문구로요.

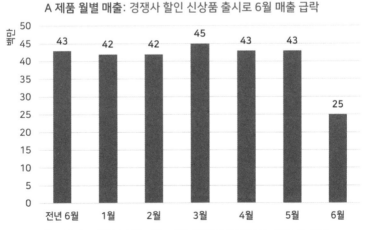

그림 7-5 차트 제목이나 장표 헤드라인 메시지에 사실을 적는 것도 가능하다.

쓸모 있는 사실과 쓸데없는 사실의 차이

쓸모 있는 사실은 판단과 주장으로 이어집니다. 비즈니스 논리는 자료에서 사실을 도출하고 그 사실을 가지고 판단해서 주장을 이끕니다. 그런데 판단이나 주장으로 이어지지 않는 사실을 아무리 많이 얘기한들 무슨 소용이겠습니까? 서로 차트만 보다 끝나 버릴 것입니다.

판단과 주장으로 이어져야 의사결정과 실행으로 나아갈 수 있습니다. 그러려면 자료에서 쓸모 있는 사실을 얘기해야 합니다. 예를 들어 'A 제품 매출 증가'는 그냥 자료 설명입니다. 이걸 가지고 뭘 판단하고 주장해야 할지 모릅니다.

하지만 이것을 'A 제품 매출이 이례적으로 증가'라고 해봅시다. 이례적으로 증가했다는 것은 다양한 데이터를 비교함으로써 알 수 있는 사실입니다. 최근 3년 동기와도 비교하고 최근 값과도 비교해 봐야 알 수 있는 사실입니다. 또 우리가 예상한 매출과도 비교해 봐야 합니다. 이렇게 데이터를 다양한 관점으로 분석함으로써 쓸모 있는 사실을 찾아낼 수 있습니다. 자료에서 얻은 쓸모 있는 사실은 보통 다음과 같이 표현됩니다.

- A 제품 매출이 이례적으로 증가

- B 제품 판매량이 평소와 달리 감소

- C 제품 매출이 물류 파업으로 반토막

- D 사업부, 공격적인 마케팅으로 경비 급증

- E 제품, 품질 문제로 2년째 매출 하락

- 예상과 달리 신제품과 구제품 모두 성장

- 당초 전략대로 실행한 결과 목표 매출 달성

- 당초 전략과 달리 목표 매출 미달

쓸모 있는 사실은 이례, 예외, 특이, 패턴, 예상과 다른 결과, 목표와 다른 결과, 인과가 분명한 것, 행동이 필요한 것, 대책이 필요한 것들입니다. 이런 것을 알리면 평소에 일정한 기준이나 관점이 있어야 합니다.

기준이 없으면 그것이 이례적인지 예외인지 알 수 없습니다. 어떤 지역에 하루 동안 비 50ml가 왔다고 해봅시다. 만약 열대지방 우기였다면 그렇게 이례적이진 않을 겁니다. 하지만 이집트 사막이라면요? 다들 기후재앙이 왔다고 할 겁니다.

사실이냐, 진실이냐, 이것이 문제

사랑과 진실, 아니, 사실과 진실의 차이를 아시나요? 사실은 영어로 Fact 입니다. 뉴스에서 Fact check를 많이 합니다. 사실을 점검한다는 뜻입니다. 사실이란 것은 실제로 있었던 일, 또는 현재에 있는 일입니다. 사실의 반대말은 조작입니다. 조작하지 않은 것이 사실입니다. 조작은 영어로 Unfact, 즉 사실이 아닌 것을 뜻합니다.

그렇다면 진실이란 무엇일까요? 진실은 거짓이 없는 사실입니다. 사실은 사실인데 거짓이 없는 겁니다. 예를 들어 무엇인가를 안 보여주거나 덜 보여주거나 더 보여줌으로써 진실이 나타나지 않게 할 수 있습니다.

여러분이 무엇인가를 바꾸면 그건 조작입니다. 사실이라고 할 수 없습니다. 하지만 무엇인가를 덜 보여준다면 그건 조작이라고 할 수는 없습니다. 우리가 파리에 가서 에펠탑 앞에서 사진을 찍는데, 에펠탑 꼭대기가 다 안 보였다고 해서 조작한 것은 아닙니다. 하지만 에펠탑을 다 보여주지 않음으로써 우리는 이것이 에펠탑이라고 생각은 하지만 정말 에펠탑이 맞는지는 한 번 더 생각해봐야 합니다. 사실은 사실인데 진실인지는 한 번 더 생각해봐야 한다는 겁니다.

한 번 구체적으로 차트를 보면서 얘기해 볼까요? 이 차트는 A 제품의 5월과 6월 매출입니다. 그리고 이 차트의 제목에 '사실'이 적혀 있습니다.

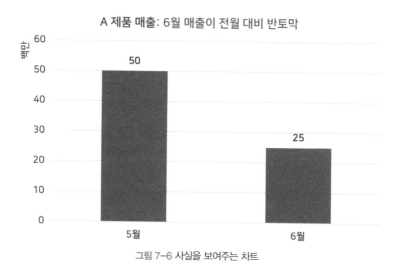

그림 7-6 사실을 보여주는 차트

이 차트와 사실을 보면 우리는 실제로 6월 매출이 5월 매출에 비해 반토막이 났다는 것을 알 수 있습니다. 반토막이란 단어에서 우리는 이것이 굉장히 이례적이라는 느낌을 받습니다. 뭔가 대책을 세워야 하지 않을까요?

하지만 이것이 진실일까요? 사실은 사실인데 진실이기도 할까요? 진실을 알려면 그 이전 월 매출을 보면 됩니다.

그림 7-7의 1월부터 매출을 보니 짝수 달에는 이전 달 매출의 절반을 보여줍니다. 가만 보니 A 제품 매출은 2개월 단위로 판매되는 것 같습니다. 그러니까 1월에 제품이 대리점으로 대량 나가고 2월에는 추가 주문에 대응하는 것 같습니다. 그리고 또 3월에 대량으로 나가고 4월에 추가 주문을 받고요. 이렇게 보면 결국 2개월 사이클로 매출이 안정적으로 증가하고 있다는 것이 진실이 될 수 있습니다.

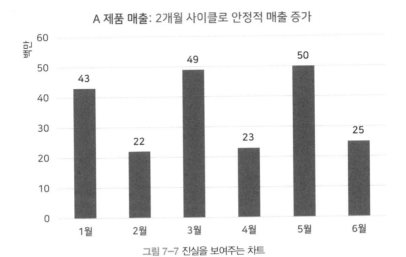

그림 7-7 진실을 보여주는 차트

여기서 우리는 또 궁금할 수 있습니다. 이전 연도에는 매출이 어땠을까요? 이전 연도 매출을 포함해서 차트를 그려볼까요?

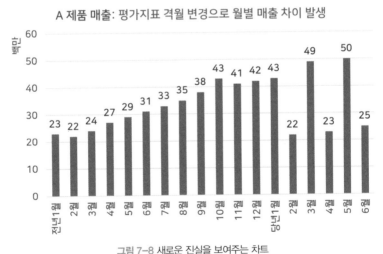

그림 7-8 새로운 진실을 보여주는 차트

보다시피 이전 연도 월 매출은 2개월 사이클이 아니었습니다. 아마도 올해 들어 제품 출고 방식이나 영업사원 평가 지표 등을 격월 단위로 바꾼 결과일 겁니다. 즉, 영업적인 측면에서 올해부터 무엇인가 변화를 준 결과라는 것입니다. 이것이 진실입니다.

진실은 거짓이 없는 사실입니다. 사실을 보여주는 척하면서 어떤 것을 빼거나 더하고 보여주는 경우가 많습니다. 그래서 조작이 아닌 사실, 거짓이 없는 진실인지 꼭 확인해야 합니다. 그렇다면 구체적으로 어떻게 해야 사실과 진실을 찾을 수 있을까요? 4가지 방법을 알려드리겠습니다.

첫째, 기간을 다양하게 비교합니다. 특정 기간만 보여주는 자료가 있다면 전년은 어땠는지, 전 달은 어땠는지 같이 보고 비교해야 합니다.

둘째, 시계열 해상도를 바꿉니다. 월 단위로만 봤다면 분기로 반기나 연으로 보거나, 주별, 일별, 또는 시간대별로 보면 됩니다.

셋째, 항목을 비교합니다. A 제품 매출이 이례적으로 증가했다고 하기 전에 A 제품과 유사한 B 제품, 또는 다른 모든 제품의 평균이나 합과 비교해 보는 겁니다.

넷째, 구성을 비교합니다. 매출액이 이례적으로 증가했다면 매출원가나 판관비 등 구성요소를 확인합니다. 원가가 올라 매출액이 늘었는지, 아니면 많이 팔려서 매출액이 늘었는지 분명히 구분해야 합니다.

진실의 반대는 무지와 무시

진실의 반대는 거짓이 아니라 무지입니다. 왜 진실의 반대가 무지냐고요? 일단 다음 차트를 한 번 봅시다. 전년 1월부터 올 6월까지 A 제품 매출이 쭉 나와 있습니다. 이 차트를 보고 여러분은 어떤 사실을 알 수 있나요? 아마 매출이 들쭉날쭉하다는 사실을 얘기할 것입니다. 그런데 왜 그렇게 들쭉날쭉한지 모른다고 할까요? 그렇다면 우리가 모르는 것은 진실일 겁니다. 이 차트로는 진실을 모르니 결국 무지가 됩니다.

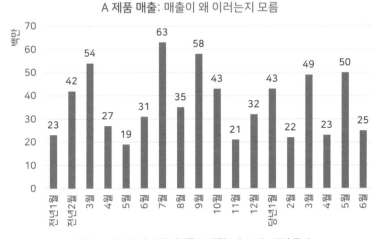

A 제품 매출: 매출이 왜 이러는지 모름

그림 7-9 차트가 왜 이런 결과를 보여주는지 모르는 것이 무지

무지의 종류는 3가지가 있습니다.

첫째, 내가 모른다는 것조차 모르는 겁니다. 내가 뭘 모르는지 모릅니다. 자료를 보고도 뭘 모르는지 모릅니다. 예를 들어 여러분이 전혀 겪어보지 못한 산업의 어떤 기업 차트가 이렇게 나왔다면 여러분은 아마도 뭘 모르는지 모르는 상태가 될 겁니다. 완전히 백지상태인 것입니다. 최악은 당연히 아닙니다. 여러분에게 이런 차트를 보여주지도 않을 겁니다. 보여줘도 모르니까요.

둘째, 모른다는 걸 아는데도 불구하고 알고 싶어 하지 않는 것입니다. 데이터를 보면 뭔가 모르는 것이 있습니다. 그러면 확인해 보고 알아보고 더 찾아보고 분석해 보고 해야 되는데, 뭘 더 하고 싶지 않은 것입니다.

셋째, 의도적인 무지입니다. 그냥 의도적으로 "나는 모른다."라고 해 버리는 겁니다. 알 수도 있고 모를 수도 있는데, 그냥 모른다고 해 버리는 겁니다. 후배라면 알아보라고 하면 되겠는데, 옆 부서 동료거나 상사라면 어떻게 할 방법이 없습니다.

이런 무지를 극복하려면 어떻게 해야 할까요? 간단합니다. 데이터 분석을 해보면 됩니다. 인과관계를 분석해 보면 됩니다. 매출이 들쭉날쭉한 데는 무엇인가 원인이 있습니다. 원인 없이는 결과가 나타나지는 않습니다. 어떻게든 원인을 찾아야 결과를 바꿀 수 있습니다.

인과관계를 못 찾겠다면 상관관계라도 찾아야 합니다. 여러 데이터에서 상관있는 데이터를 찾아서 패턴을 확인해야 합니다. 주식을 할 때도 항상 차트 패턴을 배웁니다. 바둑을 배울 때도, 공부할 때도, 운동할 때도 패턴을 빨리 찾아서 터득해야 합니다. 패턴이 일종의 인과관계와 상관관계니까요.

기존 데이터로는 도저히 알 수 없다면 실험 등을 해서 새로운 데이터를 만들어 분석해 봐야 합니다. 현장 담당자나 고객에게 물어봐도 되고요. 그들의 감이나 노하우, 경험이나 연륜으로 얻을 수 있는 힌트도 많습니다. 그것들이 곧 그들이 가진 패턴입니다.

우리는 그 패턴에 이름을 붙이기만 하면 됩니다. 앞에서 보여준 들쭉날쭉 차트도 이름을 정하면 됩니다. 예를 들어 '비정형 매출 패턴'이라고요. 그러면 이제 이 차트는 패턴이 됩니다. 이런 패턴을 가진 다른 제품을 같이 놓고 보면 어떤 사실을 찾아내거나 사실을 찾기 위한 어떤 대책이 나올 겁니다. '이 패턴을 연구하자' 같은 것도 대책이 될 수 있습니다.

데이터 분석을 안 하면 무지가 됩니다. 스스로 무지가 되고자 하려면 데이터를 무시하면 됩니다. 데이터를 무시하니까 무지가 되고 사실이나 진실을 알 수 없습니다.

그러면 왜 우리는 데이터를 무시할까요? 5가지 이유가 있습니다.

첫째, 데이터 분석을 할 줄 몰라서 그렇습니다. 데이터를 보니까 좀 어렵기도 하고 이해도 잘 안되고 하니까 그냥 무시하는 겁니다.

둘째, 할 수는 있지만 하기 싫은 경우도 있습니다. 눈 가리고 아웅 하는 겁니다. 하기 싫으니 그냥 무시합니다.

셋째, 비밀이 드러날까 봐 무시합니다. 많은 부서가 비밀 데이터를 갖고 있습니다. 예를 들어 영어 데이터 같은 것은 동료에게도 잘 안 주려고 합니다. 그런 데이터를 꼭꼭 숨기려다 보니 데이터를 무시하게 됩니다.

넷째, 데이터 분석을 하면 손해가 나서 무시합니다. 괜히 긁어 부스럼을 만드는 경우가 있습니다. 업무 만족도라든지, 부서장 평가라든지 그런 걸 하면 숫자로 딱 나오고 다른 사람과 비교되니 데이터를 무시합니다.

다섯째, 데이터 분석을 하면 무시당할까 봐 무시하는 경우도 있습니다. 회사의 조직문화가 데이터 분석 문화가 아니고, 사장님의 감, 노하우, 경험, 연륜, 나이가 중요한 문화라면 거기서 혼자 데이터 분석을 하고 있으면 무시당할 수 있습니다.

데이터를 무시하는 순간 우리는 무지하게 되고, 무지하면 결국 진실을 찾을 수가 없습니다. 그럴 때는 다른 사람이 만든 사실, 다른 사람이 만든 진실, 다른 사람의 의도에 놀아날 수밖에 없습니다. 이제부터라도 사실과 진실을 찾고, 무지를 극복하고, 데이터 분석을 무시하지 않는 문화를 만들어야 합니다.

8

판단:
올바른 판단 선정

판단의 종류 3가지

어느 날 사장님이 사옥 구매를 고려한다며 서울 강남 사무실 동향을 보고하라고 합니다. 그래서 뉴스를 검색해서 보는데 같은 내용인데도 기사마다 제목이 조금씩 다릅니다.

- 3월 3주 서울 사무실 매매가는 전주보다 0.01% 상승
- 3월 3주 서울 사무실 매매가는 전주보다 0.01% 소폭 상승
- 서울 사무실 매매가 폭등. 대책 필요

우선 첫 번째 제목부터 볼까요? 서울 사무실 매매가가 전주보다 0.01% 상승했다고 하네요. 그렇군요. 0.01% 상승했네요. 이게 끝입니다. 그냥 그렇다고 판단하는 겁니다. 이것이 사실판단입니다. 사실이다, 아니다 정도만 판단하는 것입니다. 0.01%가 올랐다고 하니 사실인가 보다 하고 끝납니다.

사실판단은 과학적 사실에 근거한 판단입니다. 이것은 참이냐 거짓이냐로 구분이 가능합니다. 판단에 이견이 없습니다. 0.01% 상승했다는데 여기에 무슨 이견이 있겠습니까?

두 번째 것도 봅시다. 0.01% 소폭 상승이라고 되어 있습니다. 그냥 0.01% 상승이면 사실판단입니다. 그런데 같은 0.01% 상승인데, 여기에는 '소폭 상승'이라고 되어 있습니다. 소폭, 그러니까 폭이 크지 않은 것입니다. 평소에 그 정도는 상승하고 하강한다는 뜻으로 이해하면 됩니다. 그 정도의 가치라는 겁니다. 이게 가치판단입니다.

가치판단은 과학적 사실에 근거하는 것이 아닙니다. 0.01% 소폭 상승이라고 말하는 순간 '0.01%=소폭'이라는 등식이 성립해야 합니다. 하지만 0.02%도 소폭이라고 표현할 수 있습니다. 그러니 등식이 틀린 것이 되고, 이 말 자체가 과학적 사실이 아니게 됩니다. 도대체 소폭이란 어느 정도를 의미하는 것일까요?

소폭, 중폭, 대폭이라는 것은 원래 옛날 원단의 너비를 말하는 거였습니다. 두루마리를 쭉 펴면 길이와 너비가 나오는데, 너비를 폭이라고 합니다. 이 폭이 사람이 두 팔을 벌린 정도가 되면 대폭이고, 한 팔 정도면 중폭, 손끝에서 손목이나 팔꿈치 정도까지 오면 소폭이라고 했습니다. 하지만 0.01% 상승을 소폭이라고 하는 기준은 없습니다. 그래서 사람에 따라, 업계에 따라 다 다릅니다. 즉, 어떤 사실을 가치 기준으로 판단한 겁니다. 그래서 이것은 가치판단입니다.

세 번째 것도 볼까요? 서울 사무실 매매가가 폭등하니 대책이 필요하다고 합니다. 이것은 상황판단입니다. 지금 상황을 보면 서울 사무실 매매가가 폭등하고 있으니 살 사람은 얼른 사든지 정부가 대책을 세우든지 하라는 겁니다. 어떤 사실로 인한 영향이나 대응에 관한 것입니다.

판단하는 사람의 상황에 따라 다 다르게 판단합니다. 어떤 사람은 당장 사옥을 사자, 어떤 사람은 다음에 사자, 어떤 사람은 현금을 더 마련하자, 어떤 사람은 임대로 하자 등 여러 방책이 나올 겁니다.

가치판단과 비교

여기에서 데이터 관점과 비즈니스 관점에 관해 얘기해 봅시다. 데이터 분석가는 당연히 데이터 관점에서 판단합니다. 그렇게 판단한 결과는 당연히 최종 의사결정권자에게 전달됩니다. 그러면 최종 의사결정권자도 데이터 관점에서 판단할까요?

데이터 관점으로 판단하는 것은 사실판단입니다. 데이터가 보여주는 사실에 집중합니다. 하지만 최종 의사결정권자는 데이터 관점이 아니라 비즈니스 관점에서 판단합니다. 비즈니스는 항상 상황을 보고 판단하는 것이니 당연히 상황판단을 합니다. 같은 데이터를 보고도 데이터 분석가는 사실을 판단하고, 최종 의사결정자는 상황을 판단합니다.

만약 데이터 분석가가 사실판단에서 좀 더 비즈니스 쪽으로 넘어가면 가치판단도 할 수 있습니다. 만약 의사결정자가 상황 판단에서 데이터 쪽으로 조금 넘어가면 마찬가지로 가치판단도 할 수 있습니다.

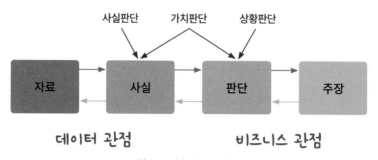

그림 8-1 판단의 3종류와 관점

데이터 관점이든 비즈니스 관점이든 모두 가치판단을 할 수 있다는 점에서 가치판단은 매우 중요합니다. 어떤 기준으로 가치를 판단하는지에 따라 같은 사실을 두고도 소폭, 중폭, 대폭이라고 달리 표현할 수 있기 때문입니다.

그렇다면 도대체 소폭, 중폭, 대폭의 기준은 어떻게 정할까요? 예를 들어 여러분의 올해 연봉이 전년에 비해 5% 인상됐다고 해봅시다. 그러면 이건 소폭인가요? 중폭인가요? 대폭인가요? 연봉 인상률이 10%라고 할까요? 이건 소폭인가요? 중폭인가요? 대폭인가요?

어떤 분은 이렇게 말할 수 있을 겁니다. 작년 물가상승률이 20%이므로 연봉 인상률 10%라고 하면 소폭 인상이라고요. 또 어떤 분은 이렇게 말할 겁니다. 최근 5년간 연봉 인상률이 평균 3%대였으므로 이번 10% 인상률은 대폭이라고요.

가치판단을 하려면 기본적으로 비교나 준거 대상이 있어야 합니다. 과거 실적이 비교나 준거 대상이 될 수도 있고 경쟁사나 업계 연봉 인상률이 비교나 준거 대상이 될 수도 있습니다. 따라서 가치판단을 표현할 때는 반드시 비교나 준거 대상을 포함해야 제대로 된 판단을 할 수 있습니다. 예를 들어 "3월 3주 서울 사무실 매매가는 전주의 0.02% 상승에 비해 0.01%로 소폭 상승"이라고 쓰면 됩니다. 또는 "3월 3주 서울 사무실 매매가는 전주보다 0.01% 소폭 상승(누적 평균 0.03%)"이라고 표현해도 됩니다.

예를 하나 더 들어 볼까요? 다음 차트에서 6월 매출을 '급락'이라고 표현했습니다. 이때는 소폭, 중폭, 대폭 중 하나를 선택한다면 당연히 대폭이라고 써야 합니다.

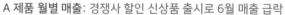
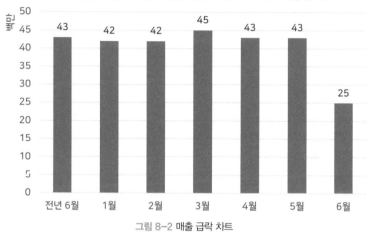

그림 8-2 매출 급락 차트

다음 차트는 뭐라고 표현해야 할까요? 소폭? 중폭? 대폭? 아마 어떤 것으로도 표현하기 어려울 겁니다. 5월에 비해 6월에 대폭 하락했다고 쓰기에는 뭔가 찜찜합니다. 명확한 비교 대상이나 준거 대상이 없다면 우리는 적절한 가치판단을 할 수 없습니다.

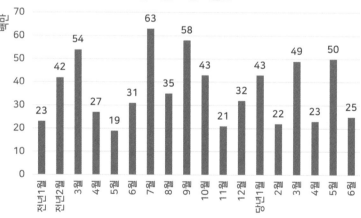

그림 8-3 판단이 어려운 차트

상황판단과 시나리오 플래닝

이번에는 상황판단을 보겠습니다. 최근 수십 개월간 월 매출이 50억 원 안 팎이었는데, 이번 달 매출은 25억으로 반토막이 났다고 해봅시다. 일단 반토막 났다는 것은 가치판단입니다. 여기서 대응 방향이나 기조를 정해야 하는데, 그것이 상황판단입니다. 이때 다음과 같은 여러 상황판단이 나올 수 있습니다.

- 매출 급락에 적극 대응
- 매출 급락 상황을 주시
- 매출 급락 원인 파악

첫 번째부터 봅시다. 매출 급락에 적극 대응한다는 상황판단은 무엇을 기반으로 한 것일까요? 만약 이번 달 급락이 일시적인 현상이라면 적극 대응할 필요가 없습니다. 아마도 다음 달에도 그다음 달에도 이번 달과 같거나 낮아질 것으로 보기 때문일 겁니다.

두 번째를 봅시다. 매출 급락 상황을 주시한다는 것은 아마도 이번 달만 특별히 매출이 떨어진 것이고 다음 달이나 그다음 달에는 원래 매출로 돌아갈 수도 있다는 상황판단일 겁니다.

세 번째, 매출 급락 원인 파악은 매출이 왜 떨어졌는지 원인을 몰라서 일단 원인부터 파악하고자 하는 상황일 겁니다.

여기서 중요한 것은 결국 다음 달에 대한 예측과 대비입니다. 즉, 미래 매출을 예측하고 거기에 맞게 대응하는 것입니다. 이것이 상황판단입니다. 이때 상황판단은 여러 가지 미래를 설정할 수 있습니다.

아무런 대응을 하지 않고 기존처럼 일한다면 다음 달, 그다음 달 매출은 어떻게 될까요? 오를까요? 내릴까요? 이번 달과 똑같을까요? 이때 아무런 대응을 하지 않았을 때 나올 매출을 BAU(Business As Usual)라고 합니다. 현재 비즈니스에 변경 없이 그대로 진행했을 때 나타날 미래를 말합니다.

BAU는 보통 온실가스 배출에 대해 어떤 추가적인 노력이 없을 때 미래에 배출될 온실가스양을 얘기할 때 사용합니다. 과기의 데이터를 사용해서 미래의 값을 예측할 때는 추가적인 행위를 포함하면 안 되므로 일반적으로 예측값은 모두 BAU가 됩니다. 엑셀에서 추세선을 그리거나 예측 시트를 만들면 이 값은 모두 BAU입니다.

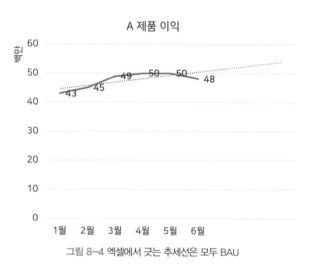

그림 8-4 엑셀에서 긋는 추세선은 모두 BAU

비즈니스에서는 BAU를 보고 어떤 대응을 할지 판단합니다. 그런데 BAU는 우리가 어떤 행동(대응)을 하지 않은 상태의 예측값을 나타낸 것일 뿐, 거기에 다른 사람이나 시장의 변화를 반영한 것은 아닙니다. 예를 들어 기름값은 우리의 노력과 관계없이 국제 정세나 정부 정책에 따라 변동하고, 그 기름값으로 매출이나 이익이 바뀝니다. 환율이나 시장 수요, 경쟁 강도나 정부 규제 등 외부적인 요인으로 미래의 값이 달라질 수 있으므로 이런 요인을 반영해서 BAU를 더 설정해야 합니다. 이것을 시나리오라고 합니다.

그렇다면 우리는 이런 시나리오를 보고 상황을 판단할 수 있습니다. 시나리오를 보니 향후에 매출이나 이익이 오를 것 같다면 상황을 주시만 하면 됩니다. 매출이나 이익이 폭락할 것 같다면 강력히 대응해야 합니다. 즉, 상황판단은 결국 시나리오를 어떻게 설정하느냐, 어떤 시나리오를 선택하느냐에 따라 달라집니다.

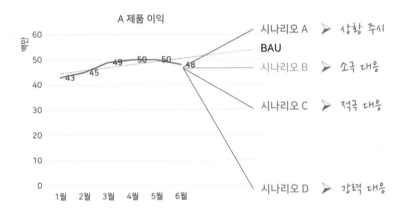

그림 8-5 시나리오를 먼저 설정하고 상황을 판단해야 한다.

자동차를 운전할 때도 이런 식으로 상황을 판단합니다. 자동차 내비게이션이 어떤 목적지에 도달하는 다양한 루트, 즉 시나리오를 주는 겁니다. 그러면 우리는 특정 시나리오를 선택합니다. 그게 상황 판단입니다.

검은 백조와 회색 코뿔소

상황을 판단하려면 다양한 시나리오를 설정해야 합니다. 이때 도움이 될 만한 4가지 시나리오를 얘기하겠습니다.

첫째, 블랙 스완(Black Swan)입니다. 검은 백조? 이상합니다. 백조는 원래 깃털이 흰색인데 검은색 백조라니요? 블랙 스완은 일어날 것 같지 않은데 일단 일어나면 엄청난 충격을 주는 사건입니다. 오일 파동이나 코로나 사태 같은 것을 일컫습니다. 거의 일어나지 않는데, 어쩌다 한 번 일어나면 다들 엄청난 충격에 휩싸이는 일을 말합니다. 요즘은 이 정도까지 시나리오를 생각해야 합니다.

둘째, 화이트 스완(White Swan)입니다. 그냥 백조입니다. 이건 충분히 예상 가능한 위기지만, 적절하게 대응하지 못해서 나타나는 사건입니다. 사실 이런 것이 많습니다. 경쟁사가 나타나거나 경쟁사가 강력한 할인 이벤트를 펼치는 것 같은 일은 얼마든지 예상 가능합니다. 이런 일에는 미리 대응하는 것이 상책입니다.

셋째, 그레이 스완(Gray Swan)입니다. 이것은 흰색과 검은색이 약간 섞여 있습니다. 화이트 스완처럼 충분히 예상할 수 있지만, 해결책을 몰라서 어떻게 해야 할지 모르는 것이 그레이 스완입니다.

넷째, 회색 코뿔소(Gray Rhino)입니다. 이것은 반복되는 위기임에도 안이하게 대응하거나 간과하는 위험을 말합니다. 회색 코뿔소는 우리 주변에 다 있습니다. 회색 코뿔소가 쳐다보고 있는데, 다들 눈 가리고 아웅 하는 겁니다. 모르는 척하는 겁니다. 데이터는 항상 반복되는 위기를 알려주고 미래를 예측해 주지만 무시하고 안 봅니다. 그게 바로 회색 코뿔소입니다.

미래의 경우의 수는 사실 무한합니다. 그러니 판단도 무한합니다. 사람마다 다 다릅니다. 그래서 몇 가지 시나리오를 설정하고 그 시나리오로 상황을 판단합니다. 이때 시나리오의 근거는 결국 데이터입니다. 데이터를 기반으로 판단한다는 것이 바로 시나리오로 사실을 판단하고 가치를 판단하고 마지막으로 상황을 판단하여 대응한다는 겁니다.

9

주장:
최선의 주장 선정

왜 금도끼를 상으로 줘야 하지?

금도끼 은도끼 이야기 다 아시죠? 옛날에 착한 나무꾼이 살았는데 쇠도끼를 그만 연못에 빠뜨렸습니다. 그래서 산신령이 나타나서 금도끼가 네 거냐, 은도끼가 네 거냐, 쇠도끼가 네 거냐 물었습니다. 나무꾼이 정직하게 대답했고 효성도 깊어서 산신령이 금도끼와 은도끼를 상으로 내렸다는 이야기입니다.

그런데 만약 산신령이 금도끼와 은도끼 소유자가 아니고 월급 산신령이라고 해봅시다. 산신령 위에 옥황상제가 있고 금도끼와 은도끼는 옥황상제 것이어서 산신령이 나무꾼에게 포상하려면 옥황상제에게 보고해야 한다고 해봅시다.

이 이야기의 논리 구조를 보면 자료, 사실, 판단, 주장이 다 있습니다. 자료에는 일단 나무꾼의 도끼 주인 여부 설문 결과가 있습니다. 금도끼가 네 거냐, 은도끼가 네 거냐고 물어봤고 나무꾼이 대답한 데이터가 있습니다. 이런 것을 정량 데이터, 정형 데이터라고 합니다. 그다음에 화자가 나무꾼이 효자라고 하는 말도 있습니다. 일종의 전문가나 유명인의 말을 인용한 것입니다. 정성 데이터, 또는 비정형 데이터라고 할 수 있습니다.

정량 데이터와 정성 데이터를 가지고 사실을 도출합니다. 정량 데이터에서 나무꾼은 거짓말을 안 했다는 사실을 도출할 수 있습니다. 정성 데이터에서 나무꾼은 부모님을 모시기 위해 나무를 한다는 사실을 도출할 수 있습니다.

이제 여기서 각각 판단을 할 수 있습니다. 나무꾼은 정직하고 효성이 깊은 사람이라고요. 이제 판단에서 주장이 나와야 합니다. 산신령이 옥황상제에게 '나무꾼에게 금도끼와 은도끼를 포상으로 내려야 한다'고 한 것이 주장입니다.

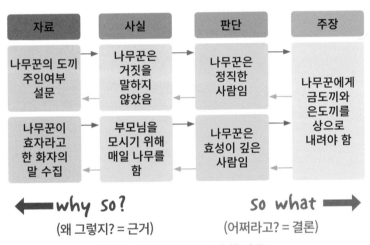

그림 9-1 금도끼 은도끼 이야기의 논리 구조

그런데 왜 포상이 금도끼와 은도끼일까요? 금도끼와 은도끼가 최선일까요? 이것이 옥황상제가 수용할 수 있는 주장일까요?

주장은 무한합니다. 얼마든지 다양한 주장을 할 수 있습니다. 그런데 왜 하필 산신령은 금도끼와 은도끼만 선택했을까요? 나무꾼이 금도끼를 받으면 그걸로 나무를 캘 수 있을까요? 혼자 산에서 나무하는 나무꾼이 금도끼를 갖고 있다는 소문이 돌면 과연 사람들이 가만있을까요?

옥황상제가 금도끼 은도끼를 소유하고 있을 정도라면 다른 것도 있을 겁니다. 예를 들어 그냥 현금을 줘도 됩니다. 나무꾼이 금도끼 은도끼를 현금으로 바꿔서 생활할 거라면 어차피 현금이 낫지 않나요? 전기톱은 어떤가요? 전기톱으로 나무를 더 많이 빨리 자를 수 있지 않을까요?

독점 채벌권 같은 것도 있습니다. 그 산에서 그 나무꾼만 나무를 캐게 하면 경쟁이 줄어서 나무꾼이 좀 더 마음 놓고 나무를 할 수 있습니다. 아니면 그 고을의 원님 자리를 주는 것은 어떨까요? 옥황상제 입장에서는 돈도 안 들고, 정직하고 효성 깊은 나무꾼이 고을 원님이 되어 백성을 잘 다스릴 수도 있지 않을까요?

이렇듯 주장은 무한하게 나올 수 있습니다. 그러니 굳이 금도끼 은도끼를 고집할 이유는 없습니다. 또 옥황상제에게 금도끼 은도끼를 포상하라고 설득할 필요도 없습니다. 여러 주장을 안(案)으로 내고 옥황상제가 선택하게 만드는 것이 낫지 않을까요?

데이터 조작으로 주장하기

워크숍 장소를 물색해서 적절한 후보를 보고해야 한다고 해봅시다. 아무 근거 없이 A 펜션이 좋으니 거기로 가자고 주장할 수는 없습니다. 뭔가 근거가 있어야 합니다. 이때 A 펜션이 싸다거나 가깝다거나 하는 주장의 근거를 제시해야 합니다. 이때 여러 펜션을 같이 놓고 비교 평가하곤 합니다.

예를 들어 A 펜션, B 펜션, C 펜션 3가지가 있다고 합시다. 이것을 비교 평가하기 위해 우리는 평가 항목을 먼저 만듭니다. 예를 들어 가격, 이동 시간, 청결, 주변 풍경, 소음 등이 있을 수 있습니다. 이것을 표로 만들면 다음과 같습니다.

평가 항목	A 펜션	B 펜션	C 펜션
가격	4백만 원	6백만 원	9백만 원
이동시간	100분	40분	170분
청결	지저분함	보통	매우 깨끗함
주변 풍경	강변	산속	읍내
소음	보통	시끄러움	조용함

그림 9-2 간단한 펜션 비교 평가

그런데 이런 식으로 그냥 비교하면 어떤 사람은 가격이 중요해서 가격이 싼 곳을 가자고 하고, 어떤 사람은 이동시간이 중요해서 이동에 적은 시간이 걸리는 곳을 가자고 할 겁니다. 그래서 우리는 각 평가 내용을 수치로 바꿔서 합산합니다. 예를 들어 가격이 5백만 원 미만이면 5점, 6백만 원 미만이면 4점, 7백만 원 미만이면 3점으로 줄 수 있습니다.

평가 항목	A 펜션	B 펜션	C 펜션
가격	4백만 원 = 5	6백만 원 = 3	9백만 원 = 1
이동시간	100분 = 2	40분 = 4	170분 = 1
청결	지저분함 = 2	보통 = 3	깨끗함 = 4
주변 풍경	강변 = 4	산속 = 2	읍내 = 1
소음	보통 = 3	시끄러움 = 2	조용함 = 4

그림 9-3 평가 내용을 일정한 기준에 따라 수치로 변경할 수 있다.

평가 내용을 모두 수치로 바꾸고 나면 이제 수치만 남기고 나머지는 지워도 됩니다. 그리고 펜션별로 합산하면 최종 점수를 알 수 있고, 이 점수에 따라 A 펜션이 가장 좋은 주장이 된다는 것을 알 수 있습니다.

평가 항목	A 펜션	B 펜션	C 펜션
가격	5	3	1
이동시간	2	4	1
청결	2	3	4
주변 풍경	4	2	1
소음	3	2	4
합계	16	14	11

그림 9-4 평가 항목별 결과를 합하면 A 펜션이 기장 좋은 워크숍 장소가 된다.

자, 그러면 이제 A 펜션을 가자고 주장하면 될까요? 여기까지가 주장을 제대로 선정한 과정일까요? 만약 상사가 이렇게 얘기하면 어떻게 될까요?

"나는 가격보다 이동시간이나 청결이 두 배, 세 배 더 중요합니다. 그런 가중치도 고려하지 않고 모두 동일한 잣대로 들이대면 좀 불공정하지 않나요?"

그렇다면 이제 가중치를 줘 봅시다. 5가지 평가항목을 모두 단순히 합하는 것이 아니라 평가항목에 가중치를 주고 다시 계산하는 겁니다. 가격의 가중치를 1로 둔다고 하고, 이동시간과 청결의 가중치는 3, 주변 풍경은 1, 소음은 2와 같은 식으로 줄 수 있습니다. 이렇게 해서 다시 계산하니 이번에는 B 펜션이 가장 높은 점수를 받았습니다.

평가 항목	A 펜션	B 펜션	C 펜션	가중치
가격	5	3	1	1
이동시간	2	4	1	3
청결	2	3	4	3
주변 풍경	4	2	1	1
소음	3	2	4	2
합계	27	30	25	10

그림 9-5 평가 항목에 가중치를 부여하고 계산하면 B 펜션이 가장 좋은 워크숍 장소가 된다.

자, 어떤가요? 그럴싸해 보이나요? 뭔가 데이터 기반으로 평가하고 가중치도 부여하고 하니 객관적인 주장이 된 것 같지요? 하지만 이건 모두 조작입니다. 100% 조작입니다. 왜냐하면 여기서 숫자 하나만 바꿔도 결과는 달라질 수 있기 때문입니다.

예를 들어 가격의 가중치를 3으로 하고 이동시간 가중치를 1로 바꿔 봅시다. 그러면 결과는 달라집니다. B 펜션이 아니라 A 펜션의 합계가 더 커집니다. 평가 항목별로 점수를 어떤 기준으로 줄 것인가, 가중치를 얼마로 줄 것인가, 이런 것에 따라 결과가 획획 바뀝니다. 그렇다면 이건 누구나 조작할 수 있지 않을까요?

평가 항목	A 펜션	B 펜션	C 펜션	가중치
가격	5	3	1	3
이동시간	2	4	1	1
청결	2	3	4	3
주변 풍경	4	2	1	1
소음	3	2	4	2
합계	33	28	25	10

그림 9–6 숫자 한두 개만 바꿔도 결과는 달라진다.

데이터 조작을 막는 방법

사실 모든 보고자는 데이터를 조작할 수 있습니다. 우선 평가 항목부터 조작할 수 있습니다. 평가 항목에 자기가 원하는 것을 넣으면 됩니다. 소음 대신 규모를 넣을 수도 있고, 노래방이나 족구장 시설을 넣을 수도 있습니다. 평가 항목을 가격, 이동시간, 청결, 주변 풍경, 소음 등 5가지로 정한 근거가 없다면 보고자의 조작일 수밖에 없습니다.

평가 점수도 조작하기 쉽습니다. 왜 가격이 5백만 원 이하면 5점인가요? 6백만 원 이하면 왜 4점인가요? 청결은 어떻게 판단합니까? 사진을 보고? 동영상을 보고? 여러 펜션의 같은 곳을 모두 비교했을까요? 가중치도 마찬가지로 조작하기 쉽습니다. 어떤 근거로 가격에 이동시간의 3배 가중치를 줄까요? 청결은 주변 풍경보다 가중치가 왜 높을까요?

데이터는 얼마든지 조작할 수 있습니다. 사람의 감이나 노하우, 경험이나 연륜으로 조작하지 못하게 데이터로 객관화한다는 것이 오히려 더 조작을 키운 꼴이 됐습니다.

그렇다면 어떻게 이런 조작을 줄일 수 있을까요? 우선 평가 항목을 정할 때는 직원에게 물어보는 방법이 있습니다. 예를 들어 "다음 중 워크숍 펜션을 선정할 때 중요하게 고려할 항목 3가지는?"이라고 물어보는 겁니다. 보기에는 가격, 이동시간, 청결, 주변 풍경, 소음, 규모, 즐길 거리, 난방시설 등 다양하게 넣습니다. 물론 기타 의견도 제시할 수 있게 해야 합니다.

그림 9-7 설문 결과로 평가 항목과 가중치를 정한다.

설문 결과, 시간이 8명, 청결이 5명, 소음이 4명, 주변 풍경이 4명, 가격이 3명, 난방시설 1명, 규모 1명, 즐길 거리 0명 등으로 나왔다면, 이 순서로 평가 항목 상위 몇 개를 선정하면 됩니다. 여기에 가중치도 설문 결과를 그대로 적용합니다. 표 아래에는 평가 항목별로 척도 기준을 넣어주는 것도 잊으면 안 됩니다.

평가 항목	A 펜션	B 펜션	C 펜션	가중치
가격	5	3	1	3
이동시간	2	4	1	8
청결	2	3	4	5
주변 풍경	4	2	1	4
소음	3	2	4	4
합계	69	72	51	24

❖ 가격: 5백만 원 미만(5), 6백만 원 미만(4), 7백만 원 미만(3), 8백만 원 미만(2), 8백만 원 이상(1)
❖ 이동시간: 30분 미만(5), 60분 미만(4), 90분 미만(3), 120분 미만(2), 120분 이상(1)
❖ 청결: 매우 깨끗함(4), 깨끗함(3), 지저분함(2), 매우 지저분함(1)
❖ 주변 풍경: 바다 전망(5), 호수/강 전망(4), 산 전망(3), 숲 전망(2), 자연 전망 없음(1)
❖ 소음: 매우 조용함(4), 조용함(3), 시끄러움(2), 매우 시끄러움(1)

그림 9-8 설문 결과를 적용하면 B 펜션이 가장 좋은 워크숍 장소가 된다.

데이터로
말해요!
데이터 중심의
사고·기획·보고의
기술

데이터로
기획하라

10

데이터 분류와 구분

분류마다 다른 결론

혹시 가계부 쓰시나요? 아마 한 번쯤은 썼을 텐데요. 사실 비즈니스에서는 늘 가계부를 씁니다. 경비 사용 내역 같은 것이 그에 해당합니다. 간단한 출장을 가더라도 경비 사용 내역을 품의 받아야 합니다. 독립채산제를 운영하는 회사는 부서별로 가계부 같은 경비 사용 내역을 써서 보고하게 되어 있습니다. 그것을 전자결재 방식으로 해 놓은 곳이 많습니다.

우리가 가계부를 쓰는 이유는 경비를 절약하기 위해서입니다. 예를 들어 다음 표와 같이 돈을 썼다고 해봅시다. 점심으로 8,000원, 치약 2,000원, 영화 9,000원… 이렇게 사용했습니다. 실제로는 이보다 훨씬 내역이 많습니다. 수십, 수백 건이 될 수도 있습니다. 하루에 쓴 것만 해도 수천 건이 될 수 있습니다.

내용	금액(원)
점심	8,000
치약	2,000
영화	9,000
저녁	18,000
커피	3,000
빗자루	5,000
합계	45,000

그림 10-1 간단한 경비 사용 내역

이런 데이터를 엑셀에 정리해 놓았다고 합시다. 이것을 보고 경비를 줄이려면 어떻게 해야 할까요? 아무 생각 없이 그냥 "밥 먹는 것을 줄이자."라고 말할 분은 없을 것입니다. 그건 분석이 아닙니다. 분석을 하려면 일단 분류부터 해야 합니다. 보통 돈을 쓴 용도로 분류합니다. 예를 들어 식비, 생활비, 문화비 같은 것으로 말입니다.

회사는 임금, 인쇄비, 조직활성화비, 접대비 등 일정한 회계 계정 기준이 있습니다. 이런 기준에 따라 복잡하고 많은 내역을 먼저 소정의 계정으로 분류합니다. 그렇게 해서 계정별로 합계를 냅니다. 엑셀에서 부분합 기능을 사용하면 금방 계정별 합계를 볼 수 있습니다. 합계를 가지고 비중을 뽑기도 쉽습니다. 자, 이제 돈을 아끼려면 어떻게 해야 할까요? 그렇습니다. 식비를 줄여야 합니다.

내용	금액(원)	분류
점심	8,000	식비
치약	2,000	생활비
영화	9,000	문화비
저녁	18,000	식비
커피	3,000	식비
빗자루	5,000	생활비
:	:	:

계정	금액(원)	비중(%)
식비	29,000	64
생활비	9,000	20
문화비	7,000	16
합계	45,000	100

그림 10-2 식비를 줄여야 한다는 결론이 나온다.

그런데 같은 데이터를 다른 기준으로 분류하면 어떻게 될까요? 돈을 쓴 용도가 아니라 돈을 쓴 장소로 분류하면요? 예를 들어 점심은 구내식당에서 먹었고, 치약은 편의점에서 샀고, 영화는 A 쇼핑몰에서 봤고, 저녁도 A 쇼핑몰에서 먹었고, 커피도 A 쇼핑몰에서 마셨다고 해봅시다. 돈을 쓴 장소를 이렇게 분류했더니 어떻게 나오나요? A 쇼핑몰에서 3만 원을 쓴 것으로 나옵니다. 비중은 67%입니다. 그러면 아직도 식비를 줄여야 하나요? 아닙니다. A 쇼핑몰을 가지 말아야 합니다.

내용	금액(원)	분류
점심	8,000	구내식당
치약	2,000	편의점
영화	9,000	A쇼핑몰
저녁	18,000	A쇼핑몰
커피	3,000	A쇼핑몰
빗자루	5,000	편의점
:	:	:

계정	금액(원)	비중(%)
A쇼핑몰	30,000	67
구내식당	8,000	18
편의점	7,000	16
합계	45,000	100

그림 10-3 같은 데이터라도 분류만 달리하면 다른 결론이 나온다.

분류기준은 굉장히 다양합니다. 어느 하나의 분류기준만 사용하는 게 아닙니다. 돈을 쓴 용도, 돈을 쓴 시간, 지불 방법, 고정비냐 변동비냐, 유형이냐 무형이냐, 크기, 무게 등 분류기준은 굉장히 다양합니다. 이것은 사실 메타데이터입니다. 이런 다양한 메타데이터를 가지고 분류함으로써 더 좋은 방법을 찾아낼 수 있습니다.

전략을 만드는 분류와 구분

여기서 분류가 정확히 무엇인지 이해해 보겠습니다. 분류라는 것은 여러 대상을 공통의 성질로 나누는 겁니다. 여러 대상을 묶어서 상위 개념을 만들어 설명할 때 사용하는 것입니다.

예를 들어 경비 사용 내역에 점심, 저녁, 치약이 있을 때 점심과 저녁을 하나로 묶을 수 있습니다. 그건 점심과 저녁 모두 사람이 먹는 밥이라는 공통 성질이 있기 때문입니다. 그래서 점심과 저녁을 먹는 데 사용한 돈을 식비라는 상위 개념으로 묶을 수 있습니다. 이때 치약은 다른 것과 묶을 수는 없지만 소모품비라는 상위 개념에 포함되게 할 수 있습니다. 이것이 분류입니다.

고양이, 소, 토끼, 고래는 포유류라는 상위 개념으로 묶을 수 있습니다. 모두 새끼를 낳아 젖을 먹여 키운다는 공통 성질이 있습니다. 고등어, 연어, 갈치 같은 것은 어류로 묶습니다. 모두 물에 살고 알을 낳는다는 공통 성질이 있습니다. 이런 것을 분류라고 합니다.

그런데 구분이란 말도 있습니다. 구분은 전체를 일정한 기준으로 나누는 겁니다. 전체가 있는데, 너무 내용이 많고 모호하니까 일정한 기준으로 나눕니다. 즉 상위 개념을 하위 개념으로 나누는 겁니다. 분류의 반대입니다. 분류가 하위의 여러 대상을 묶어서 상위 개념을 만드는 거라면 구분은 상위 개념을 풀어서 여러 하위 개념으로 나누는 겁니다.

예를 들어 세계시장을 조사하라는 상사의 지시가 있었다고 합시다. 그러면 세계시장 규모를 하나로 얘기할 수도 있지만 아시아 시장, 유럽 시장, 북미 시장, 남미 시장 등으로 나눌 수도 있습니다. 아시아 시장은 다시 극동아시아 시장, 중앙아시아 시장, 남아시아 시장 등으로 나눌 수 있습니다. 이렇게 하위 개념으로 계속 나누는 것을 구분이라고 합니다.

맨 위에 상위 개념이 있고 그 밑에 하위 개념이 여러 개 있습니다. 이때 밑으로 내려가는 것을 구분이라고 하고 위로 올라가는 것을 분류라고 합니다.

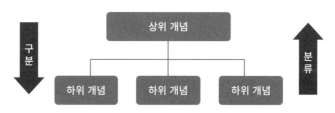

그림 10-4 분류와 구분의 차이

비즈니스 관점에서 구분과 분류는 조사와 보고입니다. 상위 개념에서 하위 개념으로 구체화하는 것이 조사입니다. 반대로 하위 개념을 가지고 상위 개념으로 추상화하는 것이 보고입니다. 따라서 조사를 할 때는 구분을 해야 하고, 보고할 때는 분류를 해야 합니다.

많은 사람이 이것을 헷갈립니다. 예를 들어 상사가 세계시장 규모를 조사해서 보고하라고 했습니다. 그러면 우리는 한국 시장, 미국 시장, 영국 시장, 인도 시장, 남아프리카공화국 시장… 뭐 이런 식으로 보고하면 될까요? 이렇게 하면 보고가 끝이 안 날 겁니다.

그래서 우리는 여러 시장을 공통 성질로 묶어서 상위 개념을 만들어 보고해야 합니다. 아시아 시장, 유럽 시장, 북미 시장… 이런 식으로요. 그리고 마지막에 세계시장 규모를 얘기하는 것이 좋습니다. 또는 맨 처음에 세계 시장 규모를 얘기하고 대륙별 규모, 그리고 특정 대륙의 세부 국가별 시장을 얘기할 수도 있습니다.

상사가 고객만족도를 조사해서 보고하라고 했을 때 고객에게 만족 여부를 그냥 물어볼 수는 없습니다. 고객한테 대뜸 "만족하십니까?"라고 물으면 고객이 어리둥절할 것입니다. 그래서 일단 만족도라는 추상적인 상위 개념에서 하위 개념으로 구분부터 해야 합니다. 품질, 가격, 직원 친절도 같은 여러 하위 개념을 도출해야 하는 겁니다. 그래서 고객에게 "품질에 만족하십니까?", "가격이 적당합니까?" 같이 구체적인 질문을 제시할 수 있습니다. 그렇게 조사하는 겁니다. 그럼 보고할 때는 어떻게 할까요? 품질 따로, 가격 따로 다 보고할 수도 있지만, 전체 고객만족도는 몇 점이라고 분류해서 보고할 수도 있습니다.

상사가 전사 매출을 조사해서 보고하세요, 라고 했습니다. 그러면 전사 매출을 알기 위해 A 팀 매출, B 팀 매출, C 팀 매출… 이런 식으로 조사할 것입니다. 그런데 보고할 때는 사업부나 부문, 본부 단위로 합계를 내서 보고합니다. 그걸 다시 합계를 내면 전사 매출이 됩니다. 이와 같은 방식은 회사의 조직 체계를 따른 것입니다.

전사 매출을 회사의 조직 체계를 따르지 않고 다른 식으로도 볼 수도 있습니다. 예를 들어 고객으로 구분해서 분류할 수 있습니다. B2B 매출과 B2C 매출로 나눠서 보거나, 기존 고객과 신규 고객으로 나눠서 볼 수도 있습니다. 오프라인 매출과 온라인 매출로도 볼 수 있습니다.

같은 매출을 두고도 다르게 구분하고 다르게 분류할 수 있다는 것은 매우 중요합니다. 구분과 분류만 달리해도 완전히 다른 결과가 나오고 그에 따라 완전히 다른 전략을 만들 수 있기 때문입니다.

많은 기업이 전략을 만들기 위해, 또는 전략을 실행하기 위해 하는 일 중하나가 조직 개편입니다. 매년 조직 개편을 하는 이유는 전략 때문입니다. 매출의 구분과 분류 체계를 바꾸는 겁니다. 조직 체계를 바꾸면 매출의 구분과 분류도 조직 체계에 따라 달라집니다. 그러니 매년 쓸데없이 조직 개편한다고 투덜거리지 마세요. 다 그렇게 하는 이유가 있습니다.

데이터 관점에서 구분과 분류는 전략의 문제입니다. 데이터를 분석하거나 데이터로 기획하는 일의 처음은 항상 구분과 분류입니다.

누락과 중복

구분과 분류 과정에서 우리가 꼭 지켜야 하는 것이 있습니다. 중복과 누락이 없어야 한다는 것입니다. 상위 개념을 하위 개념으로 나눌 때 하위 개념 사이에 중복과 누락이 있으면 안 됩니다. 하위 개념을 모두 모으면 상위 개념이 돼야 하고, 하위 개념은 서로 배타적이어야 합니다. 이것을 MECE라고 합니다.

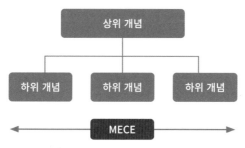

그림 10-5 하위 개념은 서로 MECE해야 한다.

MECE는 Mutually Exclusive Collectively Exhaustive의 머리글자입니다. 상호 배제와 전체 포괄이라는 말입니다. 하위 개념끼리 서로 배제해야 한다는 것이니 두 하위 개념에 무엇인가가 포함돼서는 안 됩니다. 즉, 중복되는 요소가 있으면 안 된다는 말입니다. 전체 포괄이라는 말은 누락이 없다는 뜻입니다.

예를 들어, 전사의 전력 사용량을 본다고 해봅시다. 상위 개념에서 전사의 전력 사용량이 100이라고 합시다. 그러면 하위 개념에서 사용한 전력량을 모두 합하면 100이 돼야 합니다. A 공정에서 40, B 공정에서 40, 업무동에서 20을 사용했다면 전사 전력 사용량은 100이 됩니다. 이때 A 공정, B 공정, 업무동의 전력 사용량은 서로 중복되지 않고, 전사 전력 사용량에 누락도 없습니다. MECE하다고 할 수 있습니다.

그런데 A 공정에서 노트북을 사용해서 공정을 제어하는 한 생산 직원이 그 노트북을 업무동에 가져와서 업무 볼 때도 사용한다고 합시다. 이때 이 노트북은 A 공정의 전력을 사용하는 걸까요? 아니면 업무동의 전력을 사용하는 걸까요?

또, A 공정에 고압으로 들어온 전력을 일부 저압으로 바꿔서 업무동에서 사용한다고 해봅시다. 그러면 변압 과정에서 전력 손실이 발생할 수밖에 없는데, 이때 손실량은 전사 전력 사용량에 포함이 안 되는 걸까요?

예를 조직으로 옮겨 봅시다. 전사 매출이 100이고 A 팀 매출이 40, B 팀 매출이 40, C 팀 매출이 20이라고 합시다. 그러면 각 팀의 매출은 중복이 없고, 전사 매출에 누락도 없어야 합니다.

그런데 만약 A 팀과 B 팀이 협업해서 매출을 일으켰습니다. 그러면 이 매출은 어느 팀의 것이 되나요? A 팀이 매출을 다 갖는다면 B 팀은 앞으로 협업하지 않을 것입니다. A 팀에서 수주 확률을 거의 다 높인 직원이 B 팀으로 부서를 옮기면 그 직원이 A 팀에서 만든 성과는 어느 팀 것이 되는 걸까요?

A 팀 매출도, B 팀 매출도, C 팀 매출도 아닌 매출이 있다면 이건 어떻게 하나요? 예를 들어 은행에서 들어온 이자나 사옥의 일부를 임대해서 얻는 임대 이익은? 이런 것은 A 팀, B 팀, C 팀 매출을 합쳐도 전사 매출에 누락이 생길 수밖에 없습니다.

한두 가지 예만 들었지만, 실제로 비즈니스에서는 MECE한 경우는 거의 없습니다. 비즈니스를 기반으로 만들어진 데이터도 MECE한 경우는 거의 없습니다. 매출이든 이익이든 원가든 고객 만족도든 비즈니스 활동의 대부분은 MECE하지 않습니다.

그러니 일반적으로 이론적으로 가르치는 MECE를 비즈니스 데이터에 억지로 적용할 필요는 없습니다. 하지만 최대한 MECE하게 데이터를 만드는 것이 그렇지 않은 것보다 논리적이고 체계적일 것입니다. 그래서 비즈니스는 조직을 자주 개편합니다. 예를 들어 A 팀과 B 팀이 협업을 자주 한다면 매출이나 이익이 점점 MECE하지 않아질 겁니다. 그때 회사는 두 팀을 하나의 조직으로 합칠 수 있습니다.

MECE하지 않은 이익이나 손실은 회계상에서 기타 손익으로 처리합니다. 사라진 재고 같은 것은 영업외비용 같은 것으로 퉁 치기도 합니다. 부서 간 협업이나 어쩔 수 없는 전사 손실은 사전에 부서별 배분 비율을 미리 정합니다. 비즈니스에서는 어쩔 수 없지만 데이터에서는 어느 정도 MECE하게 민드는 것이 중요합니다. 그래야 분류와 구분에 신뢰가 가기 때문입니다.

11

시계열 차트 패턴으로
기획하기

다양한 차트 패턴

흔히 데이터를 분석한 결과를 차트로 만들어 보고합니다. 하지만 차트가 데이터 분석의 새로운 시작이라고 하면 어떨까요? 그러니까, 차트를 보고 뭔가를 기획한다는 말입니다. 이때 우리는 차트가 보여주는 패턴을 빨리 찾을 수 있어야 합니다.

주식을 하려면 주식 차트 패턴을 배우는데, 주식의 움직임은 결국 사람이 만드는 것이고, 사람의 욕구는 일종의 패턴을 보이기 때문에 주식 차트도 패턴이 있습니다.

예를 들어 이중바닥 패턴이라는 것이 있습니다. 이 패턴은 주식이 하락하고 반등한 뒤 다시 한번 하락과 반등을 반복하는 겁니다. 이때 두 번째 반등에서 강세를 나타냅니다. W 모양이라서 W 패턴이라고도 합니다. 안정적으로 주식 투자를 하려면 두 번째 반등에서 주식을 사야 합니다. 이런 주식 차트 패턴은 워낙 다양해서 수십 가지가 넘습니다. 이것을 잘 정리하고 분석한 책도 많고요.

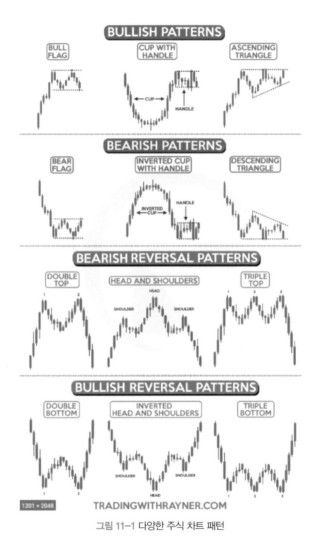

그림 11-1 다양한 주식 차트 패턴

주식이 사람의 욕구에 의한 것이라면 비즈니스 자체도 일정한 패턴이 있
을 것입니다. 예를 들어 수요와 공급이 수량과 가격에 따라 서로 마주 보
는 패턴이 수요공급 곡선입니다. 이런 곡선도 일종의 패턴입니다.

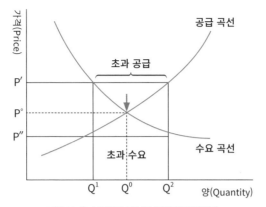

그림 11-2 수요공급 곡선도 일종의 패턴이다.

제품수명주기도 일종의 패턴입니다. 일반적으로 알고 있는 제품수명주기 패턴은 도입기부터 성장기까지 매출이 오르다가 성숙기에 정체되고 쇠퇴기에 매출이 줄어드는 패턴을 보입니다.

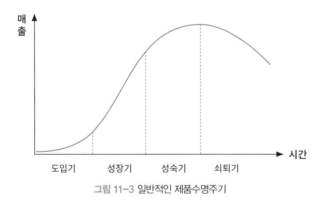

그림 11-3 일반적인 제품수명주기

그런데 어떤 제품은 다른 수명주기 패턴을 보이는데요. 예를 들면 매출이 급격히 오르다가 갑자기 푹 꺼질 수 있습니다. 이것은 일시적 유행 패턴입니다. 어떤 제품은 쇠퇴기 없이 계속 매출이 조금씩 늘 수도 있습니다. 이것은 장수제품일 경우입니다. 아이스크림 같은 계절적 요인이 강한 제품이라면 순환 사이클을 패턴으로 보일 겁니다.

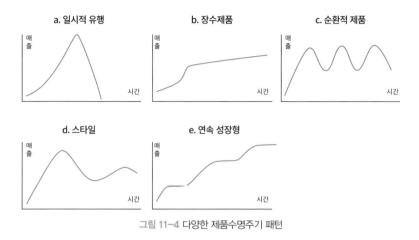

그림 11-4 다양한 제품수명주기 패턴

우리가 데이터를 수집해서 분석하면서 시각화하거나 보고를 위해 차트를 만들거나 할 때 차트에서 어떤 패턴이 보일 수 있습니다. 이때 패턴을 빨리 정확히 발견한다면 대응책을 바로 떠올릴 수 있습니다. 차트를 보고 뭔가를 기획할 수 있습니다.

일반적인 패턴 찾아 기획하기

일반적으로 많은 비즈니스는 계절성을 띱니다. 예를 들어 다음 차트는 전형적인 계절성 매출을 보여줍니다. 연초부터 한여름까지 매출이 계속 오르다가 한여름이 지나면 매출이 꺾입니다. 가장 추울 때 매출이 가장 적고, 가장 더울 때 매출이 가장 높습니다. 아마도 아이스크림 같은 계절성 제품일 겁니다.

만약 기존 제품이 호빵처럼 겨울에 잘 팔리고 여름에 잘 안 팔리는 제품이라면 이번 신제품은 아주 적절해 보입니다. 제품의 계절적 포트폴리오가 적절한 것입니다. 처음부터 여름에 잘 팔릴 대체 제품을 기획한 것이라면 아주 잘한 기획입니다. 만약 현재 제품이 이렇게 여름에만 잘 팔린다면 호빵처럼 겨울에 잘 팔릴 신제품을 기획해야 할 겁니다.

그림 11-5 계절성 매출 패턴

다음 차트는 분기 초에 매출이 떨어지고 분기 말에 매출이 올라가는 패턴을 보입니다. 이런 경우는 계절성 패턴이라고 하기는 어렵습니다. 특별한 외부 요인이 없다면 이런 경우는 전형적인 영업 목표 패턴입니다. 그러니까 영업 사원의 목표 달성 평가를 분기 단위로 한 결과입니다. 3월 말, 6월 말, 9월 말, 12월 말에 그 분기를 평가하다 보면 이렇게 분기 말에 매출이 오르고 분기 초에 매출이 떨어지는 현상이 나타나곤 합니다. 이런 현상을 타파하고 싶다면 영업 목표 달성 평가 기간을 월이나 주로 변경하면 됩니다.

그림 11-6 영업 목표 패턴

패턴은 다른 것과 비교했을 때 드러나는 경우도 많습니다. 예를 들어 다음 차트는 여러 스마트폰 제품 판매 추이를 연도별로 비교한 겁니다. 여기서 A 폰의 판매량이 늘어날 때 B 폰의 판매량이 줄어듭니다. 기타 폰의 판매량은 변동이 없는 것으로 볼 때 A 폰과 B 폰은 서로 경쟁 관계, 좀 더 정확히는 대체 관계에 있다고 볼 수 있습니다. 이 경우 서로의 전략에 맞춰 대응하거나 필요하면 협력 또는 인수합병까지도 기획할 수 있습니다.

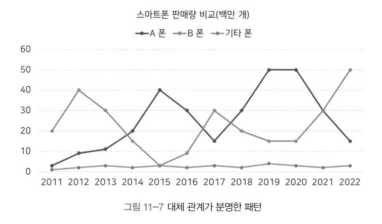

그림 11-7 대체 관계가 분명한 패턴

시장에서 주요 두 제품이 대체 관계가 없다는 것도 패턴으로 알 수 있습니다. 다음 차트를 보면 B 폰의 판매량이 5월부터 7월까지 확 줄었는데, A 폰이나 기타 폰의 판매량에는 변화가 없습니다. 이것은 A 폰과 B 폰 사이에 대체 관계가 없다는 것입니다. 즉, 두 제품이 그다지 경쟁 관계가 아니라는 뜻입니다. 아마도 A 폰과 B 폰이 서로 다른 지역에서 판매하는 경우일 수 있고, 두 제품이 대상으로 하는 고객 자체가 다를 수도 있습니다. 그렇다면 굳이 두 제품은 마케팅 경쟁에 돈을 쓸 필요가 없습니다.

한 가지 흥미로운 점은 B 폰의 8월 이후 실적입니다. 5월부터 7월까지 판매되지 못한 폰이 분명이 있을 것이고, 그만큼 8월 이후에 수요가 나타나야 하는데 데이터로 보면 그렇지 않습니다. 이것은 5~7월에 B 폰을 사지 못 한 사람들이 아예 스마트폰 구매를 포기했다고 보는 것이 맞겠네요. 그렇다면 왜 구매를 포기했는지부터 알아봐야겠습니다.

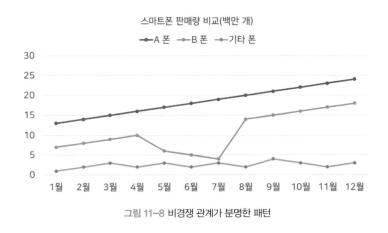

그림 11-8 비경쟁 관계가 분명한 패턴

다음 차트는 성숙화한 시장 패턴을 보여줍니다. 주요 두 폰이 2019년까지 성장하다가 그 이후에는 정체가 계속됩니다. 스마트폰의 혁신이나 새로운 제품이 없다면 시장은 계속 2020년 수준으로 머물다가 떨어질 것 같습니다.

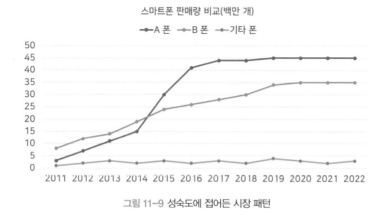

스마트폰 판매량 비교(백만 개)

그림 11-9 성숙도에 접어든 시장 패턴

이상 패턴 찾아 기획하기

우리는 정상 패턴보다는 이상 패턴을 잘 찾아야 합니다. 그 분야 지식이나 경험이 있으면 더 좋겠지만, 그렇지 않아도 이상 패턴을 쉽게 찾을 수 있는 방법이 있습니다. 일단 시계열 차트를 보고 어떤 패턴이 보이고 이 패턴에서 어떤 기획이 나올 수 있는지 하나하나 살펴보겠습니다.

그림 11-10 차트는 1월부터 5월까지 매출을 시계열로 보여주고 있습니다. 이 차트에서 여러분은 어떤 패턴을 찾을 수 있나요? 오르락내리락 패턴? W 패턴? 물론 그런 식으로 패턴 이름을 정해서 정의할 수 있습니다. 그런데 몇 개월 매출을 가지고 패턴을 정의하는 것은 사실 쉽지 않습니다.

패턴을 보면서 우리가 반드시 알아야 할 것은 기준선입니다. 기준선을 어떻게 두느냐에 따라 패턴은 완전히 다른 의미를 내기 때문입니다.

여기서 기준선은 여러 가지가 될 수 있습니다. 전년도 신제품 매출이 기준선이 될 수도 있습니다. 신제품을 출시하면서 기대하는 매출도 있을 겁니다. 기대 매출을 기준선으로 정해볼까요?

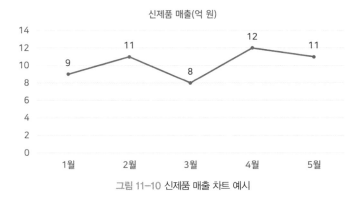

그림 11-10 신제품 매출 차트 예시

올해는 매달 10억 원 정도 매출을 기대한다고 해봅시다. 그런데 매달 10억 원이 나올 리는 없으니까 범위를 정해봅시다. 플러스마이너스 2억 해서 최소 8억에서 12억 정도로는 나올 것으로 기대했다고 합시다. 그러면 8억과 12억에 선을 그어서 기대 매출 범위를 만들 수 있습니다. 그렇다면 지난 5개월간 매출이 '기대한 패턴', 또는 '안정적 패턴'이라고 말할 수 있습니다.

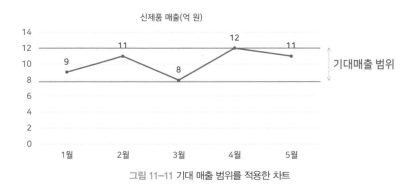

그림 11-11 기대 매출 범위를 적용한 차트

이번에는 기대 매출 범위가 8억에서 12억 사이가 아니라, 12억에서 16억 사이라고 해봅시다. 그러면 현재 실적은 기대 매출을 하회하므로 '기대하지 않은 패턴' 또는 '불안정한 패턴'이라고 말할 수 있습니다. 그러면 매출을 높이기 위해 뭔가 대책이 필요합니다. 그것을 기획해야 합니다. 마케팅 전략을 수정하거나 새로운 판매 채널 개척 같은 것을 해야 합니다.

패턴처럼 보이지 않는 차트라도 이렇게 기준선을 어떻게 두느냐에 따라 패턴을 정의할 수 있습니다.

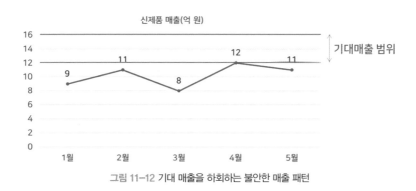

그림 11-12 기대 매출을 하회하는 불안한 매출 패턴

다른 성장 패턴도 한번 볼까요? 다음 차트는 전년 1월부터 올해 3월까지 신제품 월별 매출 차트입니다. 9억에서 시작해 18억까지 2배 증가하는 동안 안정적으로 성장했나요? 아니면 전년 8월에서부터 매출이 갑자기 올랐다가 11월 들어서면서 내리막이었다가 올해 2월에 다시 급성장한 것으로 보이나요?

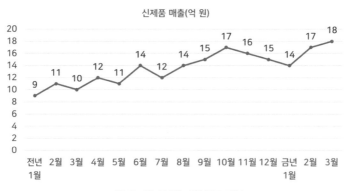

그림 11-13 신제품 매출 차트 예시

같은 차트를 보고 사람마다 역경 속에서 분발했다고도 하고 무난하게 성장했다고도 할 겁니다. 이 차트는 어디에 해당하는 걸까요?

그걸 알려면 추세선을 그어서 R-제곱 값을 봐야 합니다. 추세선은 엑셀에서 쉽게 그릴 수 있습니다. 이때 추세선 옵션에 있는 R-제곱 값을 선택해야 R-제곱 값을 볼 수 있습니다.

그림 11-14 추세선 서식에서 'R-제곱 값을 차트에 표시'를 체크해야 추세선 옆에 R-제곱 값을 보여준다.

R-제곱 값을 보면 0.8146이라고 나옵니다. R-제곱은 결정계수라고 하는데, 이 값은 이 추세선이 얼마나 차트를 잘 설명해주는지 알려주는 값입니다. 월별 매출과 추세선이 얼마나 가까운지를 더하고 제곱하고 해서 계산

한 것입니다. 0.8이라는 결정계수는 전체에서 80% 정도는 추세에 얼추 들어맞는다는 뜻으로 보면 됩니다. 결정계수가 1이라면 추세가 100% 정확하다는 뜻이고, 0이라면 추세를 전혀 알 수 없다는 뜻입니다. 따라서 이 차트를 보면 분명 오르락내리락하기는 했지만, 전체적으로 보면 꾸준히 성장했다는 것입니다.

그림 11-15 추세선과 R-제곱 값을 표시한 차트

그렇다면 얼마나 꾸준히 성장한 걸까요? 이것은 수식으로 알 수 있습니다. 보통 선형 추세선을 그리기 때문에 1차 방정식으로 추세선의 수식을 알 수 있습니다. 추세선 옵션에서 '수식을 차트에 표시'를 체크하면 차트에 수식이 나타납니다. 여기서는 'Y=0.5536x + 9.2381'로 나옵니다. 여기서 중요한 것은 0.5536인데, x가 한 단위 증가할 때마다 Y가 0.5 단위 정도 증가한다는 뜻입니다. x의 단위는 월이고, Y의 단위는 억 원이니까, 한 달이 지날 때마다 평균 0.5억 원의 매출이 더 늘어난다는 뜻입니다. 즉, 지난 15개월간 매달 매출이 0.5억 원 정도씩 꾸준히 늘었다고 볼 수 있습니다. 9억 원에서 0.5억 원 늘어나면 5.5% 성장한 것이고, 13억 원에서 0.5억 원이 늘면 3.8% 성장한 것이니 꾸준히 성장했다고 볼 수 있습니다.

그림 11-16 추세선, R-제곱, 수식을 표시한 차트

이번에는 좀 더 급격히 성장한 것을 보여주는 차트를 한번 보겠습니다. 다음 차트는 전년 10월부터 갑자기 엄청난 성장세를 보여줍니다. 일단 결정계수를 보면 0.488입니다. 여기 나온 15개월 매출에서 8개월의 매출은 설명할 수 없다는 뜻입니다. 게다가 수식을 보면 다음 월이 될 때 매출이 72억 원이 오른다고 되어 있습니다. 전년 1월에 매출이 6억 원이었는데 그다음 달에 72억 원이 늘었다면 증가율은 1,300%입니다. 이건 엄청나게 이상한 숫자입니다.

이런 차트는 확실히 갑작스러운 급격한 성장을 보여줍니다. 이런 패턴이 나타난다면 당장 생산에서 압박받을 겁니다. 재고는 없고 생산 여력은 모자라고 원자재 수급은 원활하지 않을 겁니다. 따라서 이런 패턴이 나타나는 전년 10월이나 11월에는 바로 생산량을 높이고 공급망을 확대해야 합니다. 고객 대응 인력도 추가하고 제품 발송 지연을 안내하면서 사은품 같은 것을 주는 일도 기획해야 합니다.

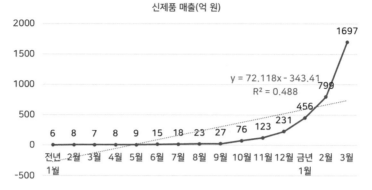

그림 11-17 갑작스러운 급격한 성장 패턴을 보이는 차트

12

분산 차트로
프레임워크 만들기

분산 차트 패턴 찾기

분산 차트, 또는 분산형 차트는 산점도라고도 합니다. X축에 독립변수를 표시하고 Y축에 종속변수를 표시하는 XY 좌표라고 보면 됩니다. 두 축에 균일한 눈금을 만든 다음 두 좌표의 교차점을 나타내는 곳에 점을 찍는 겁니다.

예를 들어 다음 차트를 봅시다. 영업사원의 고객 방문과 매출의 관계를 분산 차트로 표현했습니다. 영업사원이 고객을 자주 방문할수록 매출이 늘어나는 것을 볼 수 있습니다. 결정계수인 R-제곱 값이 0.9를 넘으니 매우 강한 상관관계에 있다고 볼 수 있습니다.

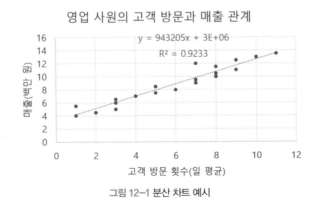

그림 12-1 분산 차트 예시

물론 상관관계가 있다고 해서 인과관계까지 있다고 볼 수는 없지만, 이 정
도 패턴을 보인다면 고객 방문을 더 늘리는 실험을 해서 인과관계를 증명
할 수 있을 겁니다. 예를 들어 다음 차트처럼 언덕 모양의 패턴을 보이는
경우, 결정계수가 0.0058로 매우 낮아서 상관관계가 없다고 볼 수 있습니
다. 그렇지만 우리는 직감적으로 일정한 고객 방문 횟수 이상이 되면 매출
에 역효과가 발생한다는 것을 알 수 있습니다. 그렇다면 고객 방문 횟수를
하루 최대 6회 정도로 제한을 둘 수 있을 겁니다.

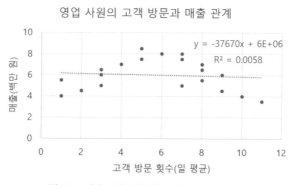

그림 12-2 언덕 모양의 패턴을 보이는 분산 차트 예시

패턴이 없는 분산 차트 분석

패턴이 전혀 안 보이는 분산 차트도 있습니다. 예를 들어 그림 12-3 차트
는 점이 무작위로 찍혀서 패턴을 그릴 수가 없습니다. 추세도 보이지 않고
요. 이럴 때는 어떻게 분석하고 기획해야 할까요?

분산 차트에서 패턴이 안 보일 때 가장 쉽게 분석하는 방법은 프레임워크
를 만드는 겁니다. 분산 차트는 기본적으로 XY 좌표 형식이기 때문에 간
단히 선을 그어서 사분면을 만들 수 있습니다. 예를 들어 다음과 같이 가
로세로 선을 그으면 4개의 사분면이 나타납니다. 각 사분면에 이름을 A

유형, B 유형, C 유형, D 유형으로 붙이면 프레임워크가 완성됩니다. 각 점은 해당 유형의 영업 사원이 될 것입니다.

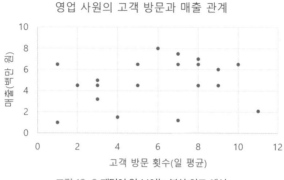

그림 12-3 패턴이 안 보이는 분산 차트 예시

분산 차트에서 패턴이 안 보일 때 가장 쉽게 분석하는 방법은 프레임워크를 만드는 겁니다. 분산 차트는 기본적으로 XY 좌표 형식이기 때문에 간단히 선을 그어서 사분면을 만들 수 있습니다. 예를 들어 다음과 같이 가로세로 선을 그으면 4개의 사분면이 나타납니다. 각 사분면에 이름을 A 유형, B 유형, C 유형, D 유형으로 붙이면 프레임워크가 완성됩니다. 각 점은 해당 유형의 영업 사원이 될 것입니다.

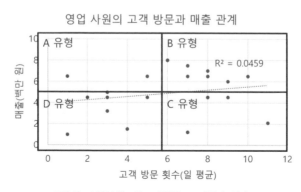

그림 12-4 분산 차트를 프레임워크로 만들 수 있다.

분산 차트에서 프레임워크를 만들고 나면 조금 복잡하니까 간단히 2by2 매트릭스로 바꾸면 보기가 훨씬 좋습니다.

		고객 방문 횟수	
		적음	많음
매출	높음	A 유형	B 유형
	낮음	D 유형	C 유형

그림 12-5 분산차트에서 만든 프레임워크를 2by2 매트릭스로 바꿀 수 있다.

패턴이 안 보이는 분산 차트를 가지고 2by2 매트릭스를 만드는 것은 경영에서 자주 쓰는 방식입니다. 예를 들어 BCG 매트릭스나 우선순위 매트릭스, 매직 쿼드런트 같은 것도 모두 분산 차트에서 만들어낸 프레임워크입니다.

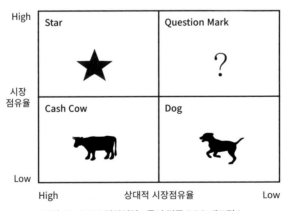

그림 12-6 보스턴컨설팅그룹이 만든 BCG 매트릭스

그림 12-7 중요도-긴급도 매트릭스로 알려진 아이젠하워 매트릭스

그림 12-8 가트너가 만든 매직 쿼드런트(Magic Quadrant)

2by2 매트릭스로 기획하기

2by2 매트릭스를 만들었으면 여기서 이제 기획을 시작해야 합니다. 이때
해야 할 일은 각 사분면을 정의하고 사분면 간 이동을 만드는 겁니다. 일
단 각 사분면부터 정의해 봅시다.

예를 들어 A 유형의 영업사원은 고객 방문 횟수는 적은데 매출은 높습니다. 이 유형에 적절한 이름을 지어줍니다. 스타 사원, 모범 사원 등으로요. 고객 방문 횟수는 많은데 매출은 낮은 D 유형에는 열정 사원 같은 이름을 지어주면 좋겠습니다. 이런 식으로 일단 이름을 지음으로써 해당 유형을 좀 더 명확하게 정의할 수 있습니다. 각 사분면에 해당하는 인원도 표기하면 좋을 것입니다.

		고객 방문 횟수	
		적음	많음
매출	높음	A 유형 모범 사원 (3명)	B 유형 표준 사원 (7명)
	낮음	D 유형 입문 사원 (6명)	C 유형 열정 사원 (4명)

그림 12-9 각 사분면의 유형에 이름을 지음으로써 보다 정확히 정의할 수 있다.

이제 각 사분면 간 이동을 만들어 봅시다. 그러려면 우리가 이상적으로 생각하는 사분면을 정해야 합니다. 여기서는 당연히 A 유형, 즉 모범 사원 사분면이 이상적인 위치일 겁니다. 그렇다면 나머지 사분면에서 모범 사원 사분면으로 화살표를 긋고, 해당 화살표에 적절한 방안을 적으면 됩니다.

예를 들어 B 유형인 표준 사원에게는 매출을 유지하면서 고객 방문 횟수를 줄이는 업무 효율화를 할 수 있습니다. C 유형인 열정 사원에게는 협상 교육을, D 유형인 입문 사원에게는 일단 고객 방문을 늘리도록 목표를 부여할 수 있습니다.

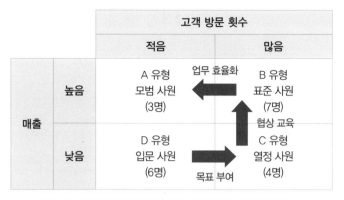

그림 12-10 각 유형의 정의를 토대로 사분면 이동 방안을 기획한다.

13

스몰 데이터와
로그 데이터 분석하기

보고서 버전 스몰 데이터 분석

여러분, 보고서 많이 쓰시죠? 보고서를 작성하다가 파일로 저장할 때 버전이나 날짜를 씁니다. 이때 버전을 어떻게 쓰나요? 혹시 최종.ppt, 최최종.hwp, 진짜최최종.doc… 이렇게 쓰진 않겠죠? 원래 버전은 0.1, 1.0, 이렇게 체계가 있습니다. 이때 버전이 의미하는 게 뭔지 아세요? 버전 0.1이 무슨 뜻일까요? 1.0은? 2.1은?

일단, 0.1부터 봅시다. 우리가 파일을 만들어 맨 처음 저장하면 보통 0.1 버전으로 저장합니다. 이것을 초안이라고 말하는 사람도 있는데, 초안이 아니라 작성 시작을 의미합니다. 처음 작성했을 때 버전을 0.1로 저장하면 됩니다. 분량이 많은 보고서를 쓸 때는 0.11로 써도 됩니다.

버전 0.2는 계속 작성 중이라는 뜻입니다. 보고서를 작성하다가 파일이 날아갈 수 있으니까 새로운 버전으로 저장하는 겁니다. 이때 소수점 이하 숫자를 하나씩 올려줍니다.

자, 그러면 버전 1.0은 무슨 뜻일까요? 바로 최초 보고입니다. 상사나 고객에게 처음 보고할 때 파일의 버전을 1.0으로 저장합니다. 그러면 누구나 1.0이라는 버전을 보고 그것이 최초 보고라는 것을 알 수 있습니다.

자, 우리가 1.0을 보고했다고 합시다. 그러면 보통 상사가 반려합니다. 수정하거나 보완하라고 합니다. 그때 수정이나 보완을 시작해야 하는데 1.0 버전을 그대로 쓰면 안 되겠죠? 그래서 1.1로 버전을 올립니다. 즉, 1.1, 1.2, 1.3… 이것은 최초 보고 후 수정 보완을 의미합니다.

이제 수정이나 보완을 끝내고 다시 보고, 즉 두 번째로 보고를 한다고 합시다. 그때는 버전이 2.0이 됩니다. 세 번째 보고라면 버전은 3.0이 될 겁니다. 이것이 보고서 버전 체계입니다.

- V0.1: 작성 시작

- V0.2: 계속 작성

- V1.0: 최초 보고(초안)

- V1.1: 수정/보완

- V2.0: 두 번째 보고

- V3.0: 세 번째 보고

이 체계를 잘 활용하면 반려를 몇 번 당했는지, 몇 번 보고했는지, 보고서를 잘 쓰는지, 내 상사는 어떤 스타일인지 다 알 수 있습니다. 내가 보고한 것을 엑셀에 간단하게 기록만 하면 됩니다.

우선 엑셀에 보고서 제목을 쓰고 최종 보고일을 적습니다. 만약 최초 보고에서 승인이 났다면 버전은 1.0이고 그날이 최종 보고일이 됩니다. 두 번 반려됐다면 세 번째 보고한 날이 최종 보고일이 될 것이고 최종 버전은 3.0이 될 겁니다. 이런 식으로 엑셀에 기록합니다.

	A	B	C	D
1	일련번호	보고서 제목	최종 보고일	최종 버전
2	1	신사업 기획	2021-01-01	1.0
3	2	업무 혁신 제안	2021-02-02	2.0
4	3	업무 혁신 현황	2021-03-06	2.0
5	4	부서원 업무 현황	2021-04-07	2.0
6	5	시장 조사 결과	2021-05-09	1.0
7	6	시장 분석 결과	2021-06-10	2.0
8	7	시장 침투 계획	2021-07-12	3.0
9	8	업무 추진 계획	2021-08-13	4.0
10	9	신년 전략	2021-09-14	4.0
11	10	부서 업무 변경 계획	2021-10-16	3.0
12	11	고객 만족도 조사 결과	2021-11-17	5.0
13	12	고객 만족도 반영 계획	2021-12-19	4.0
14	13	고객 만족도 반영 결과	2022-01-20	6.0
15	14	부서원 교육 계획	2022-02-21	4.0

그림 13-1 보고서 버전을 엑셀로 간단히 정리한 예시

이제 엑셀에 기록한 내용을 차트로 바꿉니다. 차트에 넣을 때는 보고서 제목은 중요하지 않습니다. 중요한 것은 최종 보고일과 최종 버전입니다. 즉, 최종 보고일이 바뀔 때마다 최종 버전이 어떻게 되는지 추세를 보고자 하는 겁니다. 시간이 지날수록 보고서를 잘 쓰는지 못 쓰는지를 알고자 하는 겁니다.

이때 사용하는 것이 분산 차트입니다. 최종 보고일과 최종 버전 값을 모두 선택한 다음에 차트에서 분산형을 선택하면 자동으로 분산 차트가 만들어집니다. 차트를 잘 보면 X축은 최종 보고일이 됩니다. 시계열 차트입니다. Y축은 최종 버전입니다. 즉, 시간이 지남에 따라 보고서 버전이 어떻게 변화하는지를 보여줍니다.

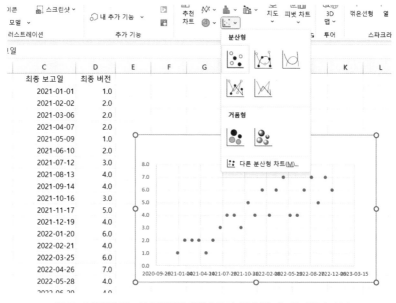

그림 13-2 엑셀의 차트 중 분산형을 선택해서 간단한 분산 차트를 만들 수 있다.

자, 이제 여기에 추세선을 그어 봅시다. 추세선은 얼마든지 차트 요소에서 선택할 수 있습니다. 보통 선형 추세선이 그어집니다.

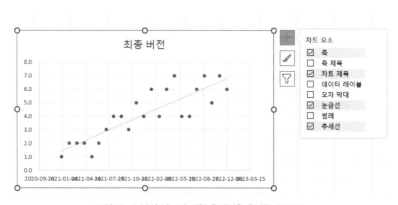

그림 13-3 분산 차트에 선형 추세선을 추가할 수 있다.

이제 우리는 추세선만으로 여러 가지를 알 수 있습니다. 예를 들어 시간이 갈수록 버전이 올라가는 추세를 보인다면 우리는 무엇을 알 수 있을까요? 아마 다음 사실을 알 수 있을 겁니다.

- 시간이 갈수록 보고서 반려가 늘었다.
- 시간이 갈수록 보고서를 못 쓴다.

여기서 좀 더 나아가 봅시다. 만약 본인이 보고서를 잘 쓰고 있다면 어떻게 해석해야 할까요? 아마 다음과 같이 볼 수도 있지 않을까요?

- 시간이 갈수록 어려운 보고서를 쓴다.
- 시간이 갈수록 상사가 까다롭게 군다.

추세선이 시간이 갈수록 내려가고 있다면 이렇게도 해석할 수 있습니다.

- 시간일 갈수록 보고서 반려가 줄었다.
- 시간이 갈수록 보고서를 잘 쓴다.
- 시간이 갈수록 쉬운 보고서를 쓴다.
- 시간이 갈수록 상사가 대충 검토한다.

이제 여기서 쉬운 보고서와 어려운 보고서에 대해 얘기해 봅시다. 쉬운 보고서를 쓰다 보니 보고서 버전이 시간이 갈수록 내려갈 수 있습니다. 반대로, 어려운 보고서를 쓰다 보니 시간이 갈수록 보고서 버전이 올라갈 수 있습니다. 만약 그렇다면 버전과 난이도를 비교해 보면 되겠네요.

엑셀에서 보고서 최종 버전을 기록할 때 난이도도 같이 기록해 보는 겁니다. 난이도는 10점 만점을 기준으로 해서 어려우면 10점, 쉬우면 1점을 줄 수 있습니다. 이때 혼자 결정하지 말고 상사와 같이 결정하면 좋습니다. 상사가 5점을 얘기하고 내가 7점을 얘기하면 평균 6점을 주면 됩니다.

이제 최종 버전과 난이도의 관계를 봅시다. 둘의 상관계수를 구해보면 쉽게 상관관계를 알 수 있는데, 엑셀에서 데이터 분석 기능을 이용하면 금방 알 수 있습니다.

엑셀 데이터 탭 맨 오른쪽을 보면 데이터 분석 메뉴가 보입니다. 이 메뉴를 누르면 통계 데이터 분석 대화상자가 나타납니다. 여기서 상관 분석을 선택한 다음 상관 분석 대화상자에서 입력 범위를 최종 버전과 난이도로 하고 출력 범위를 빈 셀로 지정하면 해당 셀에 결과가 나타납니다.

여기서는 난이도와 최종 버전의 상관계수가 0.753342가 나옵니다. 상관계수가 1이면 완전히 같은 내용이라는 뜻입니다. −1이면 거꾸로 정렬해서 완전히 같은 내용이라는 뜻이고요. 0.7 이상이면 강한 상관관계에 있다고 얘기합니다. 여기서 상관계수가 0.75가 넘으니 난이도와 최종 버전은 강한 상관관계가 있다고 볼 수 있습니다. 즉, 보고서가 쓰기 어려운 주제나 내용이어서 최종 버전이 올라갔다고 말할 수 있습니다.

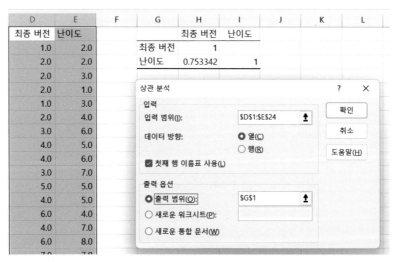

그림 13-4 상관 분석으로 상관계수를 구하면 최종 버전과 난이도의 관계를 쉽게 알 수 있다.

로그 데이터와 프로세스 마이닝

보고서 버전은 일종의 업무 메타데이터입니다. 메타데이터는 데이터에 관한 구조화된 데이터로, 다른 데이터를 설명해 주는 데이터를 말합니다. 예를 들어 제가 지금 이 책을 쓰면서 저장한 워드 파일의 속성을 보면 여러가지 메타데이터가 나타납니다. 파일 제목, 설명, 만든 이, 프로그램 이름, 회사, 콘텐츠 작성 날짜 같은 것이 모두 메타데이터입니다.

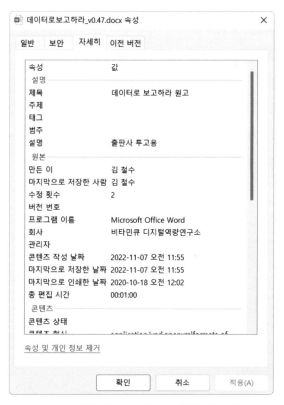

그림 13-5 워드 파일 하나에 수많은 메타데이터가 있다.

업무 메타데이터 중 가장 대표적인 것이 해당 업무를 수행한 시간입니다. 언제 출근하고 언제 퇴근하고 언제 시작하고 언제 종료하고 언제 전달하고 언제 결재했느냐 하는 것들입니다. 언제 팔았고 언제 수금했고 언제 배송했고 하는 것도 모두 업무 메타데이터입니다.

최근에는 이런 메타데이터를 자동으로 기록합니다. ERP나 SCM, CRM 같은 사내 업무 관리 시스템을 사용하면 자동으로 이런 메타데이터가 기록됩니다. 그래서 이런 것을 보통 로그라고 합니다. 우리도 컴퓨터를 사용해서 일을 하는데, 이때 로그가 자동으로 쌓입니다. 그렇다면 이러한 로그 데이터를 분석하면 어떻게 될까요?

예를 들어 콜센터를 운영한다고 해봅시다. 그러면 고객이 전화를 건 시각, 일선에서 처리한 시간, 그다음 선으로 넘긴 시각, 그다음 선에서 처리한 시간 등이 모드 로그로 기록됩니다. 이 데이터를 서로 연결하면 업무 프로세스가 자동으로 나옵니다. 케이스마다 어떤 업무 프로세스를 통했는지도 나올 겁니다. 이런 걸 분석하는 것을 프로세스 마이닝이라고 합니다.

프로세스 마이닝을 얘기하기 전에 먼저 업무 프로세스와 프로세스 혁신을 이해해야 합니다. 일단 업무 프로세스가 뭔지 얘기해 봅시다. 업무 프로세스는 특정 고객을 대상으로 특정 서비스나 제품을 제공하는 일련의 업무 흐름을 말합니다.

예를 들어 매장에서 고객이 들어와 상품을 카운터로 가져오면 점원이 상품을 확인합니다. 이때 바코드를 읽는 방식이 보편적입니다. 그러면 POS 기기에 해당 상품 정보가 뜹니다. 이 상품을 판매로 등록한 다음 고객에게 카드 결제 등을 요청합니다. 고객이 카드를 카드 인식기에 대면 카드 결제가 완료되고 영수증이 출력됩니다. 이제 POS에 등록된 상품 정보, 판매 정보, 카드 결제 정보 등은 ERP나 판매관리 시스템에 올라갈 겁니다. 이것이 모두 업무 프로세스입니다.

이러한 업무 프로세스는 산업 분야나 활동에 따라 매우 다양합니다. 예를 들어 병원에는 병원 업무 프로세스가 있고, 공장에는 공장 업무 프로세스가 있습니다. 학교에는 학교 업무 프로세스가 있고, 제안에는 제안 프로세스가 있습니다.

이런 업무 프로세스를 혁신하는 것을 PI, 즉 프로세스 혁신(Process Innovation)이라고 합니다. 프로세스를 혁신하는 방법은 IT를 사용하느냐 아니냐에 따라 고전적 혁신 빙법론과 IT 활용 혁신 방법론으로 나눌 수 있습니다. ISO에서 주로 사용하는 방법론인 PDCA 같은 것이 고전적 혁신 방법론입니다.

IT 활용 혁신 방법론으로 대표적인 것이 프로세스 마이닝입니다. 이미 사용하고 있는 ERP 같은 시스템의 로그를 분석해서 프로세스를 혁신하는 겁니다.

일단 두 방법론이 공통으로 하는 것부터 말해 봅시다. 프로세스를 혁신하는 방법론의 기본은 As-Is 프로세스를 분석해서 To-Be 프로세스를 만드는 것입니다. 즉, 기존 프로세스를 파악해서 문제점을 보완하거나 혁신하는 새로운 프로세스를 구축하는 것입니다.

이때 As-Is 분석을 어떻게 할지가 중요한데, 고전적인 혁신 방법론에서는 As-Is 분석을 컨설턴트가 현장 직원에게 물어보거나, 여러 사람을 모아 그룹 인터뷰를 하거나, 설문지를 돌리거나, 표본을 테스트하는 방식을 사용합니다. 그러다 보니 데이터보다는 컨설턴트와 현장 직원의 경험과 감에 의존하게 됩니다. 비정형 데이터가 많아지고 주관적으로 판단하게 됩니다. 시간도 많이 듭니다. 그렇게 분석한 결과에 대해 설명하는 것도 쉽지 않습니다.

그래서 프로세스 마이닝은 이미 있는 IT 시스템의 로그 데이터를 가져와서 분석합니다. 이것으로 As-Is 프로세스를 만들어 분석하고 To-Be 프로세스를 설계할 수 있기 때문입니다.

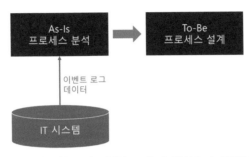

그림 13-6 프로세스 마이닝은 IT 시스템에서 로그를 가져와서 As-Is 프로세스를 분석한다.

예를 들어 살펴봅시다. 콜센터를 운영하고 있다면 콜센터 시스템이 있을 겁니다. 이 시스템에는 고객이 언제 전화했는지 언제 끊었는지 누가 담당했는지 등이 모두 기록됩니다.

	A	B	C	D	E	F	G	H	I
1	Case ID	Activity	Start Date	End Date	Agent Position	Customer ID	Product	Service Type	Resource
2	Case 1	Inbound Call	9.3.10 8:05	9.3.10 8:10	FL	Customer 1	MacBook Pro	Referred to Servicer	Helen
3	Case 1	Handle Case	11.3.10 10:30	11.3.10 10:32	FL	Customer 1	MacBook Pro	Referred to Servicer	Helen
4	Case 1	Call Outbound	11.3.10 11:45	11.3.10 11:52	FL	Customer 1	MacBook Pro	Referred to Servicer	Henk
5	Case 2	Inbound Call	4.3.10 11:43	4.3.10 11:46	FL	Customer 2	MacBook Pro	Referred to Servicer	Susi
6	Case 3	Inbound Call	25.3.10 9:32	25.3.10 9:33	FL	Customer 3	MacBook Pro	Referred to Servicer	Mary
7	Case 4	Inbound Call	6.3.10 11:41	6.3.10 11:51	FL	Customer 4	iPhone	Referred to Servicer	Fred
8	Case 5	Inbound Call	18.3.10 10:54	18.3.10 11:01	FL	Customer 5	MacBook Pro	Product Assistance	Kenny

그림 13-7 콜센터 로그 데이터 예시

프로세스 마이닝은 이 데이터에서 주로 Case ID(특정 고객의 전화 등), Activity(해당 고객과 관련한 활동 등), Date(활동이 일어난 시각), Resource(액티비티를 처리한 사람 등) 등을 가지고 프로세스를 그려냅니다. 이때 프로세스는 시계열로 나타내야 하므로 시간의 흐름에 따라 업무가 어떻게 진행되는지를 애니메이션으로 보여주기도 합니다.

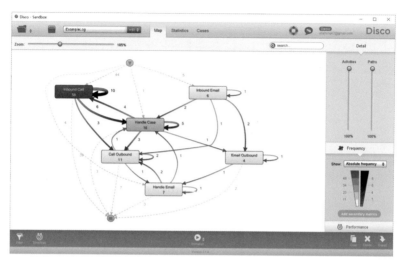

그림 13-8 프로세스를 자동으로 그려내고 애니메이션으로 시간의 흐름에 따라
업무의 흐름을 보여준다.

프로세스 마이닝을 사용하면 프로세스에서 병목이나 불필요한 반복 등을
쉽게 찾아낼 수 있습니다. To-Be 프로세스의 적합성을 검사할 수도 있습
니다. 요즘에는 Disco 같이 프로세스 마이닝을 쉽게 할 수 있는 툴이 있어
서 적절한 툴만 사용해도 프로세스를 쉽고 빠르게 마이닝할 수 있답니다.

14

A/B 테스트로
기획하기

버락 오바마의 대선 홈페이지 시안 결정

2007년 미국에서 버락 오바마가 대선 출마를 선언했습니다. 그때 선거캠프에서 선거자금 모금 겸 자원봉사 신청용 홈페이지를 만들었습니다. 미국 대선은 워낙 규모도 크고 인원도 많이 필요한데, 땅은 엄청나게 넓다 보니 홈페이지가 굉장히 중요합니다. 일단 홈페이지에 많은 사람이 들어오고 가입해야 선거자금도 많이 모이고 자원봉사자도 많아집니다.

여러분이 홈페이지를 만든다고 하면 디자이너가 여러 시안을 가져올 겁니다. 그중 적절한 것을 책임자가 선정합니다. 버락 오바마 캠프에서도 여러 시안을 만들었습니다. 특히 첫 화면이 중요한데, 첫 화면의 대부분을 차지하는 미디어를 여러 사진과 영상을 이용해 시안을 구성했습니다. 사진 3가지, 영상 3가지 해서 총 6가지 시안이 있습니다.

그림 14-1 버락 오바마 선거용 홈페이지 시안 (출처: Optimizely)

여기에 더해서 회원가입 버튼의 문구도 여러 가지를 만들었습니다. JOIN US NOW, LEARN MORE, SIGN UP, SIGN UP NOW 등 4가지로요.

그림 14-2 회원가입 버튼 문구도 4가지 시안을 만들었다. (출처: Optimizely)

여러분은 첫 화면 시안 중 어느 것을 선택하겠습니까? 미디어는 어떤 것을, 회원가입 버튼 문구는 어떤 것을 선택해야 좋을까요? 어떤 시안을 택해야 유권자가 회원가입을 많이 할까요?

버락 오바마 선거캠프도 이런 고민을 했습니다. 그래서 그들이 직관적으로 선택한 것은 첫 번째 시안이었습니다. 오바마가 지지자의 플래카드 위에 오뚝 선 모습이었습니다. 회원가입 문구는 SIGN UP이었습니다.

그림 14-3 오바마 선거캠프가 처음 선택한 시안 (출처: Optimizely)

보통은 이렇게 캠프에서 결정하면 선택한 시안으로 갑니다. 그런데 이 캠프는 좀 다른 생각을 했습니다. 시안을 다 만들어서 한번 보여주자는 겁니다. 그래서 어떤 시안에서 가입률이 높은지 보자는 계획이었습니다.

선거캠프는 미디어 6종류와 버튼 4종류 해서 총 24가지 시안을 모두 만들고 접속자에게 랜덤하게 보여줬습니다. 예를 들어 첫 번째 접속한 사람에게는 첫 번째 미디어와 JOIN US NOW 버튼을 보여주고, 두 번째 접속한 사람에게는 두 번째 미디어와 JOIN US NOW를 보여주는 식이었습니다. 이렇게 해서 초기 접속자에게 실험한 겁니다.

실험은 31만 명 정도를 대상으로 했습니다. 24종류 시안이니 한 시안당 평균 1만 3천 명 정도가 접속했습니다. 이제 시안별 가입률을 보면 되는데, 11번 조합의 가입률이 가장 높았습니다.

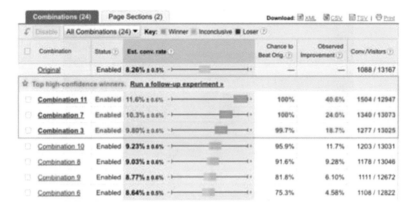

그림 14-4 각 시안 조합별 가입률

11번 조합은 오바마가 가족과 함께 앉아있는 미디어에 SING UP 버튼을 사용한 겁니다. 이 조합의 가입률은 11.6%였습니다. 그러니까 이 시안에 접속한 사람 1,000명당 116명이 가입한 겁니다. 반면 처음에 캠프에서 선택한 시안의 가입률은 8.26%였습니다. 1,000명당 83명 정도가 가입한 것입니다.

캠프는 11번 조합을 사용해서 가입자를 계속 모았습니다. 가입자 중 10%는 자원봉사자가 됐고 가입자당 평균 21달러를 기부했습니다. 처음 시안과 비교하면 자원봉사자를 28만 명, 선거자금을 6천만 달러 추가 확보한 겁니다.[1]

---

1 출처: Optimizely(https://www.optimizely.com/insights/blog/how-obama-raised-60-million-by-running-a-simple-experiment)

그림 14-5 A/B 테스트로 최종 선택한 11번 조합 시안

일상에 들어온 A/B 테스트

오바마 선거 캠프가 한 것은 A/B 테스트라고 하는 것입니다. 일종의 대조 실험입니다. 네이버 홈페이지에 뜨는 광고 배너를 생각해 보세요. 여러분이 광고를 집행하겠다고 하면 광고 배너 하나만 만들어서 노출시킬 수 있습니다.

하지만 그렇게 하면 그 광고 배너가 과연 좋은지, 효과적인지 알 수가 없습니다. 그래서 광고 배너를 2개 이상 만들어서 랜덤하게 돌려보는 겁니다. 그러면 어떤 광고 배너가 다른 것보다 클릭률이 더 높을 겁니다. 여러분은 당연히 클릭률이 높은 광고 배너를 계속 노출하고자 할 겁니다.

광고 메일을 보낼 때도 마찬가지입니다. 다른 요소는 동일하게 하고 제목만 달리해서 보낼 수 있습니다. 그렇다면 제목을 여러 개 만들어서 테스트할 수도 있을 겁니다.

예를 들어 stibee(https://www.stibee.com)라는 뉴스레터 발송 서비스를 이용한다고 해봅시다. 뉴스레터를 만들어 보낼 때 A/B 테스트를 할 수 있습니다. 메일 제목만 달리해서 테스트하는 것도 가능하고, 발신자 이름이나 발송 시각을 다르게 하는 것도 가능합니다. 전체 구독자 중에서 몇 명이나 몇 %를 테스트할지도 선택할 수 있습니다.

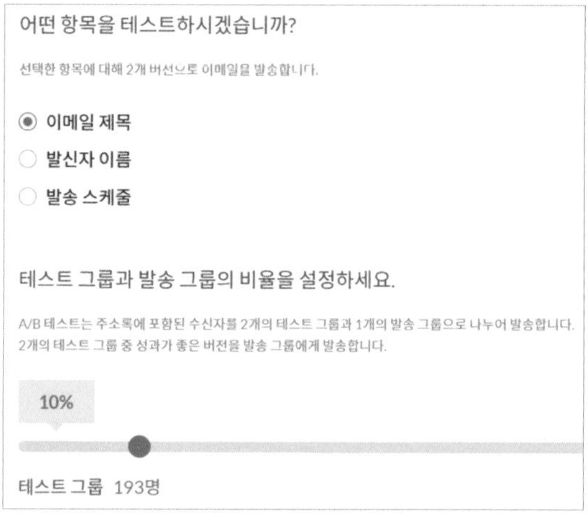

그림 14-6 뉴스레터를 많은 사람에게 보낼 때 여러 가지 A/B 테스트를 할 수 있다.

A/B 테스트는 인터넷의 발전으로 누구나 쉽게 할 수 있습니다. 실제로 우리가 받는 광고 이메일에 이미 A/B 테스트가 적용되어 있습니다. 넷플릭스 포스터도 여러 가지를 만들어놓고 테스트하고 있습니다. 사람들이 더 클릭하는 포스터를 주력으로 밀어야 하니까요. 구글 검색도 모두 A/B 테스트 결과입니다. 구글은 이미 2000년부터 A/B 테스트를 검색 결과에 반영하고 있습니다.

그렇다고 해서 A/B 테스트가 인터넷 서비스에만 적용되는 것은 아닙니다. 오프라인에서도 가능합니다. 어떤 공장에서 속도제한 표지판을 가지고 A/B 테스트를 했답니다. 그 얘기를 해보겠습니다.

이 공장은 출입문에서 안쪽으로 왕복 4차선 도로가 2킬로미터 길게 직선으로 나 있습니다. 그러다 보니 화물차가 과속을 많이 했다고 합니다. 당연히 속도제한 표지판을 양쪽에 세웠는데, 시속 30킬로미터 제한이지만 화물차 평균 속도는 45킬로미터 정도 나왔다고 합니다.

환경안전팀장이 이 문제를 해결해 보려고 A/B 테스트를 했습니다. 즉, 양쪽에 있던 속도제한 표지판 중 한쪽을 시속 30킬로미터에서 29킬로미터로 바꿔 놓은 겁니다. 이제 한쪽은 30, 다른 한쪽은 29라고 쓰여 있습니다.

결과는 어떻게 되었을까요? 놀랍게도 기존과 같이 속도제한 표지판에 시속 30킬로미터로 쓰인 쪽에서는 평균 속도가 예전처럼 시속 45킬로미터가 나왔습니다. 그런데 시속 29킬로미터로 쓰인 쪽에서는 평균 속도가 시속 15킬로미터가 나왔습니다.

환경안전팀장이 왜 이런 결과가 나오는지 궁금해서 시속 29킬로미터가 적힌 표지판 근처에 숨어서 지켜봤습니다. 10대 중에서 5대 정도는 그냥 시속 50킬로미터 정도로 휙 지나갔습니다.

그런데 나머지 5대는 좀 이상하게 운행했습니다. 5대 중 3대는 표지판 앞에서 속도를 계속 줄이더니 시속 5킬로미터 정도로 운행했고, 표지판을 보면서 잔소리를 했습니다. "저거, 저거, 뭐야? 누가 잘못 써 놨네. 30인데 29로 잘못 칠했네." 그러면서 혀를 끌끌 찼습니다.

나머지 2대는 아예 표지판 앞에서 차를 멈췄습니다. 환경안전팀장이 궁금해서 가까이 가서 보니까 운전사가 눈을 껌뻑껌뻑하면서 표지판을 보고 있었습니다. 안경을 들어 올리기도 하고 눈을 비비기도 하면서요. 환경안전팀장이 근처에 가니 운전사들은 하나같이 이렇게 물어봤습니다. "저기 표지판 숫자가 좀 이상하지 않아요? 제 눈에 29로 보이는데… 혹시 얼마로 보여요? 내가 노안이 왔나?"

어쨌든 10대 중 5대가 속도를 확 줄이니까 평균 속도는 시속 15킬로미터로 뚝 떨어졌습니다. 그 덕에 안전사고도 확 줄었고요. 이렇게 오프라인에서도 얼마든지 A/B 테스트를 할 수 있습니다. 그리고 A/B 테스트 결과를 가지고 결정하거나 새로운 기획도 할 수 있습니다.

예를 들어 A/B 테스트 결과를 가지고 STP 전략을 짤 수 있습니다. Segmentation, Targeting, Positioning을 할 수 있다는 겁니다. 우선 A/B 테스트를 하면서 사용자 등을 세분화할 수 있습니다. 예를 들어 뉴스레터를 제목을 달리해서 발송했을 때 단순히 A 제목 메일의 개봉률과 B 제목 메일의 개봉률만 비교할 게 아니라, 메일 받는 사람이 남자인지 여자인지도 같이 볼 수 있습니다. 그랬더니 A 제목 메일을 받은 남성의 개봉률은 20%고, 여성은 10%, B 제목 메일을 받은 남성의 개봉률은 16%, 여성은 15%라고 해봅시다. 그렇다면 A 제목으로는 남성 사용자에게만 발송하고, 여성에게는 B 제목 메일을 보내는 것이 더 나을 겁니다.

메일 제목	남성 개봉률	여성 개봉률
A 제목	20%	10%
B 제목	16%	15%

매주 뉴스레터를 보냈고, 1년 치가 모였다고 해봅시다. 남성 개봉률이 높은 메일 제목과 여성 개봉률이 높은 메일 제목을 가지고 분석해보면 남성 개봉률이 높은 메일의 특성, 여성 개봉률이 높은 메일의 특성을 찾을 수 있지 않을까요? 거기서 뭔가 새로운 기획을 시작할 수 있을 겁니다.

15

데이터로
5Whys 사용하기

근본 원인을 찾는 5Whys 기법

원인을 분석하는 방법 중에 5Whys가 있습니다. 어떤 문제나 영향이 있을 때 그것의 근본 원인을 찾는 방법입니다. Why를 다섯 번 물어보는 겁니다. 왜? 왜? 왜? 왜? 왜? 이렇게요. 5Whys에 대해 대답할 때는 사람이 통제할 수 없거나 애매모호한 대답을 해서는 안 됩니다. 천재지변 같은 대답을 하면 원인은 모두 하늘의 뜻이 되어 버리니까요.

예를 들어 보겠습니다. 5Whys를 얘기하면 가장 많이 나오는 예가 제퍼슨 기념관 지붕 얘기입니다. 이 기념관의 대리석 지붕이 빨리 부식이 돼서 곤란한 처지에 놓였습니다. 그래서 5Whys 기법을 사용해서 핵심 원인을 찾아봤습니다.

첫 번째 질문은 당연히 "왜 기념관 대리석 지붕이 빨리 부식되는가?"입니다. 현장 담당자에게 물어보니 대리석 지붕을 세제로 자주 씻어서 그렇다고 합니다. 두 번째 질문은 "왜 세제로 대리석을 씻는가?"입니다. 현장 담당자들은 비둘기 배설물이 많아서 세제로 닦을 수밖에 없다고 합니다. 세 번째 질문은 "왜 비둘기가 많은가?"였습니다. 그 이유는 거미라고 했습니다. 거미가 많아서 거미를 먹는 비둘기가 몰려든다고 합니다. 네 번째 질문은 "왜 거미가 많은가?"입니다. 그랬더니 나방 때문이라고 합니다. 나방이 많이 몰려들어서 나방을 먹는 거미가 자꾸 생긴다고 합니다. 마지막 다섯 번째 질문은 "왜 나방이 많은가?"였습니다. 그랬더니 현장 담당자들이 해가 완전히 지기 전에 전등을 일찍 켜서 그렇다고 합니다. 그래서 해가 완전히 진 다음에 전등을 컸더니 나방도 덜 몰려오고 거미도 덜 생기고 비둘기도 줄어들어서 결국 대리석 지붕이 덜 부식되었다고 합니다.

1. 왜 기념관 대리석 지붕이 빨리 부식되나?
   - 세제로 자주 씻었기 때문이다.

2. 왜 세제로 대리석을 씻는가?
   - 비둘기 배설물이 많기 때문이다.

3. 왜 비둘기가 많은가?
   - 비둘기 먹이인 거미가 많기 때문이다.

4. 왜 거미가 많은가?
   - 거미의 먹이인 나방이 많기 때문이다.

5. 왜 나방이 많은가?
   - 전등을 일찍 켜서 나방이 많이 몰려든다.

예를 하나 더 들어보겠습니다. 설비의 모터가 가동을 멈췄다고 합니다. 이에 대한 질문과 대답은 다음과 같을 수 있습니다.

1. 왜 설비의 모터가 가동을 멈췄나?
   전력 과부하로 퓨즈가 끊어졌기 때문이다.

2. 왜 전력 과부하가 발생했는가?
   베어링이 뻑뻑했기 때문이다.

3. 왜 베어링이 뻑뻑했는가?

   윤활유 공급이 잘 되지 않았기 때문이다.

4. 왜 윤활유 공급이 잘 되지 않았는가?

   윤활유 펌프가 노후화되었기 때문이다.

설비의 모터 가동 중단을 근본적으로 해결하려면 윤활유 펌프를 갈아야 합니다. 이렇게 다섯 번 정도 질문에서 근본 원인을 찾는 기법이 5Whys 입니다.

원인과 이유

여기서 원인과 이유에 대해 얘기하고자 합니다. 5Whys는 핵심 원인을 찾는 방법인데, 원인을 찾을 때 이유도 같이 찾아야 합니다. 그런데 원인과 이유는 뭐가 다른 걸까요?

제가 콜록콜록 기침한다고 해봅시다. 아마 감기에 걸린 모양입니다. 그럼 제가 감기에 걸린 원인은 무엇일까요? 병원에 가면 의사가 바이러스 때문이라고 할 겁니다. A형 독감 바이러스나 B형 독감 바이러스, 또는 코로나 바이러스 등에 걸렸다고 할 겁니다. 이것이 원인입니다.

그런데 제가 감기에 걸린 이유는 뭘까요? 원인이 아니라 이유 말입니다. 아마도 제가 추운데 밖에서 돌아다녀서 감기에 걸렸을 수도 있고, 또는 손을 잘 안 씻은 이유도 있을 겁니다. 아마 제 행동 때문일 겁니다.

원인과 이유의 차이를 눈치채셨나요? 그렇습니다. 원인은 사물이나 현상에 사용하고, 이유는 사람에게 사용합니다. 그래서 핵심 원인을 찾을 때는 반드시 핵심 이유도 찾아야 합니다.

5Whys 기법을 사용할 때 많은 사람이 실수하는 것 중 하나가 원인과 이유를 뒤섞어 쓰는 겁니다. 원인을 묻다가 갑자기 이유를 묻곤 하는데, 그렇게 하면 원인과 이유를 제대로 파악하지 못합니다. 그래서 원인을 묻는 5Whys와 이유를 묻는 5Whys를 나눠서 사용해야 합니다.

예를 들어 홈페이지 로그인 기능이 작동하지 않아서 5Whys 기법을 사용해 핵심 원인을 찾는다고 해봅시다. 원인은 사물과 현상에 대해서만 다룹니다. 따라서 질문과 대답에서 사람을 모두 빼야 합니다. 그러려면 주어가 모두 사물이나 현상이 돼야 합니다. 다음과 같이 말입니다.

1. 왜 로그인 기능이 작동하지 않는가?

   아이디가 13글자 이상 입력되면 서버에서 에러가 발생한다.

2. 왜 서버에서 에러가 발생하는가?

   서버 프로그램에서는 아이디를 12글자만 받을 수 있기 때문이다.

3. 서버 프로그램에서 왜 아이디를 12글자만 받을 수 있는가?

   데이터베이스에서 아이디를 12글자로 제한했기 때문이다.

4. 데이터베이스에서 왜 아이디를 12글자로 제한하는가?

   데이터베이스의 아이디 기본 설정이 12글자이기 때문이다.

5. 데이터베이스의 아이디 기본 설정이 왜 12글자인가?

   아이디가 12글자 이내일 때 데이터베이스의 속도가 가장 높기 때문이다.

이제 같은 문제를 가지고 핵심 이유를 찾아봅시다. 이유를 묻거나 답하려면 주어가 모두 사람이 돼야 합니다. 다음과 같이 말입니다.

1. 왜 로그인 기능이 작동하지 않는가?

   사용자가 아이디 칸에 13글자 이상을 입력했기 때문이다.

2. 사용자는 왜 12글자 이상을 입력하는가?

   프런트 개발자가 13글자 이상을 입력하게 허용했기 때문이다.

3. 프런트 개발자는 왜 13글자 이상을 입력하게 허용했는가?

   프런트 개발자가 아이디 글자 수 제한을 몰랐기 때문이다.

4. 프런트 개발자는 왜 아이디 글자 수 제한을 몰랐는가?

   서버 개발자가 프런트 개발자에게 아이디 수 제한을 알리지 않았기 때문이다.

5. 왜 서버 개발자는 프런트 개발자에게 아이디 수 제한을 알리지 않는가?

   서버 개발자는 프런트 개발자가 누구인지 몰랐기 때문이다.

원인과 이유를 나눠서 5Whys 기법을 사용하면 4가지 대책이 저절로 나옵니다. 원인을 해결하는 단기 대책과 장기 대책, 이유를 해결하는 단기 대책과 장기 대책이 나옵니다.

원인을 해결하는 단기 대책은 데이터베이스에서 아이디 글자 수 제한을 없애는 겁니다. 원인을 해결하는 장기 대책은 데이터베이스 속도를 측정해서 최적 아이디 글자 수를 알아내는 것입니다.

이유를 해결하는 단기 대책은 프런트 개발자에게 아이디 글자 수 제한을 알려주는 겁니다. 이유를 해결하는 장기 대책은 서버 개발자와 프런트 개발자를 한 팀으로 묶거나 정기 회의를 하게 하는 겁니다.

이렇게 원인 해결 단기 대책, 원인 해결 장기 대책, 이유 해결 단기 대책, 이유 해결 장기 대책 등 4가지 대책을 만들 수 있습니다. 이것을 우리는 '입체적인 대책'이라고 할 수 있습니다.

데이터로 5Whys 사용하기

이제 5Whys를 데이터 기반으로 사용하는 법을 알려주겠습니다. 위에서 보다시피 5Whys는 질문과 대답으로 구성되어 있습니다. 그런데 보통 질문이나 대답을 할 때 기존 지식이나 경험, 감이나 노하우로 대충 하곤 합니다. 그러면 안 됩니다. 데이터로 명확하게 짚고 넘어가야 합니다.

위에서 예로 든 홈페이지 로그인 기능을 가지고 얘기해 봅시다. 홈페이지에 로그인이 안 되는 문제를 가지고 핵심 원인을 분석하기 위해 첫 번째 질문이 "왜 로그인 기능이 작동하지 않는가?"였습니다. 이때 대답이 "아이디가 13글자 이상 입력되면 서버에서 에러가 발생한다."입니다. 그리고 바로 이어서 "왜 서버에서 에러가 발생하는가?"라고 묻습니다.

자, 여기서 우리는 데이터 관점에서 궁금한 것을 먼저 짚어야 합니다. 아이디가 13글자 이상 입력되면 서버에서 에러가 발생한다고 합니다. 그러면 이렇게 물어볼 수 있습니다.

"로그인 에러가 몇 번 발생하는가?"

만약 로그인 에러가 한 달에 한 번 발생한다고 합시다. 그런데 모든 사용자의 로그인 횟수는 한 달에 100만 번이라고 해봅시다. 그러면 100만분의 1 비율로 에러가 생기는 겁니다. 이 정도 에러라면 그냥 해당 사용자에게 아이디를 12글자 이내로 줄이라고 하는 게 낫지 않을까요?

로그인 에러가 매일 100회 발생한다고 해봅시다. 사용자가 처음에는 아이디를 잘못 입력했다가 금방 다시 제대로 입력해서 로그인하는 데는 이상이 없다는 겁니다. 그래서 그 에러로 인한 매출 손실이 전혀 없는 상황이라고 해봅시다. 그런데도 굳이 이런 문제를 해결해야 할까요?

문제가 발생해서 해결하는 과정에서 우리가 그 문제의 크기나 영향을 제대로 묻지 않거나 측정하지 않거나 판단하지 않은 상태에서 무조건 문제를 풀려고 애를 쓰고 있는지 짚어보자는 겁니다. 모든 문제는 해결돼야 한다는 강박감에 사로잡히지 말자는 겁니다.

이유에 대해서도 보겠습니다. 위 예에서 마지막 질문은 "왜 서버 개발자는 프런트 개발자에게 아이디 수 제한을 알리지 않았는가?"입니다. 그리고 서버 개발자의 대답은 "프런트 개발자가 누구인지 몰랐다."입니다. 자, 이때 두 사람을 한 팀으로 묶거나 둘이 소통할 수 있게 하면 문제가 해결될까요? 예를 들어 운영자가 개발자들에게 어떤 정책 변경을 알려주지 않는다면? 디자이너가 디자인 요소 추가를 프런트 개발자에게 알려주지 않는다면? 당연히 서비스에 오류가 발생할 겁니다.

서버 개발자와 프런트 개발자가 서로를 몰랐기 때문에 로그인 오류가 발생한 것이라면 다른 직원 사이에서도 로그인 오류 같은 문제가 발생할 수 있을 겁니다. 그렇다면 단순히 서버 개발자와 프런트 개발자의 소통 해결이 아니라 관련된 직원 전체의 소통 문제를 측정하고 개선해야 할 것입니다. 이때 우리는 간단한 데이터로 측정하고 목표를 세우고 진척을 관리할 수 있습니다.

예를 들어 직원이 4명이 있다고 할 때 서로 잘 알고 소통이 잘 된다면 10점, 한쪽만 알거나 소통이 미흡하면 5점, 서로 모르면 0점, 이렇게 점수를 줍니다. 그러면 전체 점수를 합할 수 있고, 이것이 현재 수준이 됩니다. 만약 점수가 20점이 나왔다면 3개월 안에 50점을 목표로 하고 매달 점수를 다시 매기면서 진척을 관리하면 됩니다.

직원간 소통 점수

직원	A	B	C	D
A	-	10	5	0
B	-	-	5	0
C	-	-	-	0
D	-	-	-	-

그림 15-1 직원 간 소통 점수를 10점 만점으로 매겨서 소통을 데이터 기반으로 관리할 수 있다.

데이터로
말해요!
데이터 중심의
사고·기획·보고의
기술

데이터로
보고하라

16

표로
보고하기

데이터 표현 형식

여러분은 데이터를 어떤 형식으로 보고하나요? 보통 표로 보고하지 않나요? 우리가 데이터를 표로 보고하는 데 익숙한 이유가 있습니다. 데이터 자체가 표처럼 구성되어 있기 때문입니다. 흔히 로 데이터(Raw data)라고 하는 원천 데이터 자체가 데이터베이스에 저장될 때 표 형식으로 저장되기 때문입니다.

일련번호	제품	판매일시	매출 부서	판매가
10001	A	20220101 13:00:23	A 팀	2000000
10002	B	20220101 15:34:13	B 팀	4000000
10003	C	20220101 17:32:11	C 팀	5330000
:	:	:	:	:

그림 16-1 일반적으로 원천 데이터는 표 형식으로 저장된다.

실제로 ERP에서 데이터를 추출하면 보통 엑셀 파일로 나옵니다. 엑셀 시트 자체가 표 형식이기 때문입니다. 열에 항목이 있고 행으로 데이터가 계속 추가된 형태입니다. 예를 들어 제품 판매 내역을 보면 어떤 제품을 언제 어느 부서가 얼마에 팔았다고 하는 내역이 쭉 이어집니다. 오프라인에서 쓰는 장부가 원래 표 형식이고 이것이 데이터베이스로 이어졌다고 보면 됩니다.

그런데 이런 원천 데이터를 그대로 보고하는 경우는 거의 없습니다. 보통은 요약을 해서 보여줍니다. 예를 들어 2022년 1월 1일에 판매 건수가 3건일 때 이것을 합해서 보고합니다. 이날 제품을 3개 팔았고, 판매액 합계는 11,330,000원이라고요. 만약 1월 2일에 판매한 건수가 있다면 그것도 같이 보여줄 수 있습니다. 그러면 다음 표처럼 여러 제품별로 요약해서 보고할 수 있습니다.

제품	1월	2월	3월
A	10	9	11

그런데 이 요약 내용을 반드시 표로 보고할 이유는 없습니다. 그래서 그냥 다음과 같이 글로 표현할 때도 있습니다.

- **A 제품 매출(단위: 억 원)**: (1월)10, (2월)9, (3월)11

같은 요약을 표나 글이 아니라 다음과 같이 차트로 보고할 때도 있습니다.

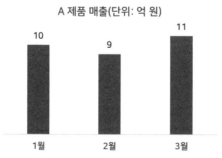

그림 16-2 매출 요약을 차트, 표, 글 등 다양한 형식으로 보고할 수 있다.

그런데 만약 요약한 내용 안에서 또 요약을 하거나 전년 같은 기간을 비교해야 한다면 어떻게 표현할 수 있을까요? 예를 들어 1월부터 3월까지를 1분기로 합치고, 전년 1분기와 비교하고자 한다면? 일단 글로 쓰면 다음과 같습니다.

- **A 제품 매출(단위: 억 원): (1Q)30**
  - 1월: 10, 2월: 9, 3월: 11
  - 전년 1Q: 27

그런데 글로 쓰고 나니 뭔가 좀 정리가 안 된 느낌입니다. 2분기, 3분기가 계속 추가되면 글이 늘어지기도 하고, 바로 비교하기도 어렵습니다.

그렇다면 차트로 그리면 어떨까요? 차트로 월별 매출과 1Q 합계, 전년 1Q 값을 같이 보여주면 X축의 시계열 맥락이 완전히 어그러집니다. 합계 막대가 너무 커서 월별 매출의 변화를 읽기도 어렵고요.

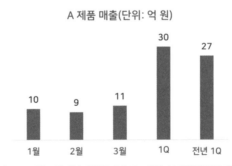

A 제품 매출(단위: 억 원)

그림 16-3 차트 안에서 요약하거나 비교하면 시계열 맥락이 깨진다.

이제 같은 내용을 표로 표현해 봅시다. 훨씬 읽기 좋지 않나요?

제품	1월	2월	3월	1Q 합계	전년 1Q
A	10	9	11	30	27

비교와 대조

데이터를 표로 표현하는 이유는 세 가지입니다.

첫째, 엑셀 등 간단한 도구를 사용해서 쉽게 만들 수 있습니다. 엑셀에서 부분합이나 피벗 테이블 기능을 사용하면 금방 요약할 수 있습니다.

둘째, 데이터를 추가하거나 수정하기 쉽습니다. 행렬이 사실상 무한하기 때문에 새 데이터를 무한하게 추가할 수 있습니다. 증감률이나 추정치 등을 새 열로 추가하는 일도 매우 간단합니다.

셋째, 비교와 대조를 쉽게 할 수 있습니다. 비교는 여러 대상의 공통점을 찾는 것이고, 대조는 차이점을 찾는 일입니다. 표를 가지고 비교하고 대조하기가 쉽다는 말입니다.

비교와 대조에 대해 좀 더 살펴볼까요? 다음 그림은 삼성전자 경영설명회 자료입니다. 부문별, 분기별 매출을 보여주고 있습니다.

매출

(단위: 조원)			3Q '22	2Q '22	3Q '21	QoQ	YoY
총 액			76.78	77.20	73.98	1% ↓	4% ↑
DX 부문			47.26	44.46	42.81	6% ↑	10% ↑
	VD / 가전 등		14.75	14.83	14.10	1% ↓	5% ↑
		- VD	7.86	7.54	7.82	4% ↑	1% ↑
	MX / 네트워크		32.21	29.34	28.42	10% ↑	13% ↑
		- MX	30.92	28.00	27.34	10% ↑	13% ↑
DS 부문			23.02	28.50	26.74	19% ↓	14% ↓
		- 메모리	15.23	21.08	20.83	28% ↓	27% ↓
SDC			9.39	7.71	8.86	22% ↑	6% ↑
Harman			3.63	2.98	2.40	22% ↑	51% ↑

그림 16-4 삼성전자 경영설명회 자료 예시

열을 먼저 볼까요? 여기서는 2022년 3분기, 2분기, 전년 3분기 매출을 보여주면서 동시에 전 분기 대비 증감률과 전년 동기 대비 증감률도 같이 보여줍니다. 이것이 비교입니다. 언뜻 보면 매출의 차이를 보여주는 것 같지만, 매출이라고 하는 공통적인 요소를 비교해서 보여주는 것입니다.

사람들은 매출의 공통점을 보고 싶어 합니다. 증감률이 크면 뭔가 이상하거나 잘못됐다고 느낍니다. 분기별로 매출을 비교한다는 말은 분기별로 매출이 일정한 수준으로 증가하기를 원하는 마음이 바탕에 깔려 있습니다. 증감률의 공통점을 보고 싶은 것입니다.

이번에는 행을 볼까요? 행은 DX 부문, DS 부문, SDC, Haman으로 나뉘어 있습니다. DX 부문 아래에는 VD/가전 등과 MX/네트워크로 구분되어 있습니다. 이렇게 나눠서 보니 어떤 부문이 매출이 많은지 적은지 금방 알 수 있습니다. 이것이 대조입니다. 여러 부문의 차이를 눈에 띄게 만들어주는 것입니다.

사람들은 부문 간 차이를 보고 싶어 합니다. 부문 간의 격차는 반드시 발생해야 합니다. 비즈니스에서 외부와 경쟁하는 것이 당연한 것처럼 내부 경쟁도 당연하니까요. 내부에서도 부문별, 팀별, 사업별, 제품별로 경쟁해서 차이를 만들어내야 합니다. 그래서 대조를 해서 차이를 부각시킵니다. 삼성전자 경영설명회 자료에서도 DX 부문 매출과 Haman 매출 차이는 10배가 훌쩍 넘습니다. DX 부문이 매출을 주도하고 있고, Haman은 신사업으로 육성하고 있다는 생각을 보여주는 것입니다.

비교와 대조를 표로 나타낼 때는 보통 다음과 같이 비교는 열로, 대조는 행으로 보여주는 것이 좋습니다.

부문	제품	1월	2월	3월
A 부문	a 제품	9	10	11
	b 제품	7	7	9
	소계	16	17	20
B 부문	c 제품	4	5	6
	d 제품	2	3	7
	소계	6	8	13
합계		22	25	33

그림 16-5 열은 비교, 행은 대조를 보여주는 예시

그런데 간혹 다음과 같이 비교를 행으로, 대조를 열로 보여주는 경우도 있습니다. 그런데 뭔가 좀 부자연스럽지 않나요? 일반적으로 범주와 시계열을 사용해서 표를 만들 때는 범주는 행으로 대조하고, 시계열은 열로 비교하는 것이 낫습니다.

월	A 부문			B 부문			합계
	a 제품	b 제품	소계	c 제품	d 제품	소계	
1월	9	7	16	4	2	3	22
2월	10	7	17	5	3	7	25
3월	11	9	20	6	7	13	33

그림 16-6 열은 대조, 행은 비교를 보여주는 예시. 틀린 것은 아니지만 뭔가 좀 부자연스럽다.

행렬 순서

표에 시계열 열이 있으면 순서는 어떻게 해야 할까요? 예를 들어 1월부터 3월까지 매출을 보여준다고 해봅시다. 그러면 왼쪽부터 1월, 2월, 3월 순으로 보여줄 겁니다.

그런데 만약 2021년 4Q 실적을 보고한다고 해봅시다. 그리고 3Q와 비교하고, 전년 4Q와도 비교한다고 해봅시다. 그러면 맨 왼쪽에는 2021년 4Q가 먼저 나와야 할까요? 아니면 전년 4Q, 즉 2020년 4Q가 먼저 나와야 할까요? 여러분은 어떻게 순서를 정하나요? 우리나라 대기업 두 곳의 투자자 보고자료를 보면, 하나는 최근이 먼저 나오고, 다른 하나는 과거가 먼저 나옵니다.

전사 손익 분석

(단위: 조원)	4Q '21	(매출비중)	3Q '21	(매출비중)	4Q '20
매출액	**76.57**	**100.0%**	**73.98**	**100.0%**	**61.55**
매출원가	44.95	58.7%	42.90	58.0%	37.80
매출총이익	**31.62**	**41.3%**	**31.08**	**42.0%**	**23.75**
판관비	17.75	23.2%	15.26	20.6%	14.70
- 연구개발비	6.47	8.4%	5.11	6.9%	5.22
영업이익	**13.87**	**18.1%**	**15.82**	**21.4%**	**9.05**
기타영업외수익/비용	0.21	-	0.10	-	△0.34
시분법손익	0.13	-	0.27	-	0.13
금융손익	0.16	-	0.17	-	0.14
법인세차감전이익	**14.36**	**18.8%**	**16.36**	**22.1%**	**8.97**
법인세비용	3.52	-	4.06	-	2.37
순이익	**10.84**	**14.2%**	**12.29**	**16.6%**	**6.61**
지배기업 소유주지분 순이익	10.64	13.9%	12.06	16.3%	6.45
주당순이익 (원)	**1,566**		**1,776**		**949**

그림 16-7 최근 매출이 왼쪽에 먼저 나오는 손익계산서 예시

손익 계산서 요약 (4분기)

(단위 : 십억원)

	2020 4Q	2021 3Q	2021 4Q	전년 대비	전분기 대비
매 출 액	29,243	28,867	31,026	+6.1%	+7.5%
매출원가	23,864	23,634	25,098	+5.2%	+6.2%
매출총이익	5,379	5,234	5,929	+10.2%	+13.3%
매출 총이익률	18.4%	18.1%	19.1%		
판매관리비	4,125	3,627	4,399	+6.7%	+21.3%
영업이익	1,254	1,607	1,530	+21.9%	△4.8%
영업이익률	4.3%	5.6%	4.9%		
영업외 손익	△119	330	△56	적자 축소	적자 전환
경상이익	1,135	1,937	1,474	+29.9%	△23.9%
법인세	△48	450	773	-	+71.7%
당기순이익	1,183	1,487	701	△40.7%	△52.8%

그림 16-8 전년 동기 매출이 먼저 나오는 손익계산서 예시

사실 순서는 여러분이 정하기 나름입니다. 이때 고려해야 할 것이 피보고자 관점, 보고자 관점, 데이터 표현 관점입니다.

피보고자 관점에서 생각해 볼까요? 상사가 피보고자라고 합시다. 상사가 새로 이 업무를 맡아서 우리 부서의 매출을 처음 보고한다고 하면 과거부터 추이를 보여주면서 설명하는 것이 낫지 않을까요? 그렇다면 과거 값이 표의 왼쪽에 먼저 나와야 합니다. 반대로, 상사에게 매주 실적을 보고한다고 합시다. 그러면 상사는 전주 실적을 계속 보고 받아왔으니 이번 주 실적을 먼저 보고 싶어 할 겁니다. 그러면 최근 실적이 왼쪽에 먼저 나와야 합니다.

보고자 관점에서도 볼까요? 여러분이 매출을 보고하는데, 매출이 갑자기 크게 늘어서 자랑하고 싶다고 합시다. 그러면 과거부터 보여주는 것이 효과가 클 겁니다. 작은 숫자에서 큰 숫자로 크게 늘어나는 모습이 자연스럽게 연출되니까요. 반대로 매출이 크게 줄었다면 최근 매출을 먼저 보여주는 것이 나을 겁니다. 상사가 급해서 최근 매출만 보고 회의실을 나갈 수도 있으니까요.

데이터 표현 관점에서 볼까요? 만약 표만 보여주고 끝난다면 최근 값을 먼저 보여주든 과거 값을 먼저 보여주든 크게 관계는 없습니다. 문제는 표를 보여주고 난 다음 같은 값을 시계열 차트로 보여줄 때입니다. 만약 표에서는 최근을 먼저 보여주고, 차트에서는 과거부터 보여준다면 데이터를 보면서 혼란스러울 겁니다. 그러니 표 다음에 바로 차트로 보여준다면 표도 차트와 마찬가지로 과거부터 시계열로 보여주는 것이 낫습니다.

이번에는 표의 행 순서를 알아봅시다. 앞에서 보여드린 삼성전자 경영설명회 자료나 손익 계산서를 보면 큰 숫자를 가진 범주가 위에 나옵니다. 물론 100% 숫자가 내림차순으로 되어 있는 것은 아니지만, 일단 숫자가 크면 위에 나온다는 원칙은 있습니다. 그런데 다음 그림을 보면 원칙이 완전히 무너져 있습니다. 가장 숫자가 큰 중국은 네 번째에 위치하고, 가장 숫자가 작은 국내가 맨 위에 있습니다.

사실 큰 숫자가 위에 나오는 것이 기본 원칙이기는 하지만 데이터를 설명할 때 국내를 먼저 설명하고 국외를 설명한다면 국내 범주가 맨 위에 있는 것이 낫습니다. 또 국외 여러 지역을 설명할 때도 주력 시장부터 얘기하고 신생 시장을 얘기하는 것이 나을 수 있습니다. 설명 순서나 녹자를 고려하는 것입니다.

글로벌 산업수요[1]

(단위 : 만대)

	'20. 4Q	'21. 4Q	증감
국 내	48.5	41.2	△15.1%
미 국	419.9	330.5	△21.3%
유 럽[3]	392.3	313.5	△20.1%
중 국	648.8	598.6	△7.7%
인 도	90.1	77.0	△14.5%
글로벌	2,217.5	1,979.0	△10.8%

그림 16-9 행의 순서를 정할 때 특정 의도를 가지고 정하기도 한다.

16

글로 보고하기

데이터를 요약해서 쓰기

데이터를 글로 써야 할 때가 있습니다. 표를 사용하기 어려운 메일을 쓰거나 글자 크기를 키워야 하는 발표 자료에는 아무래도 표보다는 글이 낫습니다. 예를 들어 다음 표와 같은 데이터가 있다고 해봅시다.

제품	1월	2월
A 제품	9억 원	10억 원

이 표를 글로 설명할 때 이렇게 할 수 있습니다.

"A 제품의 1월 매출은 9억 원입니다. A 제품의 2월 매출은 10억 원입니다."

그런데 같은 용어나 단위는 줄여서 쓸 수 있습니다.

"A 제품의 1월 매출은 9억, 2월은 10억 원입니다."

더 줄일 수도 있습니다.

"A 제품의 매출은 1, 2월 각각 9, 10억 원입니다."

그런데 글로 표현할 때 이렇게 서술식으로 할 수도 있지만, 개조식으로도 많이 표현합니다.

- A 제품 1월 매출: 9억 원
- A 제품 2월 매출: 10억 원

이때 내용을 더 줄일 수 있습니다. A 제품 매출을 제목으로 하고 그 아래에 매출 금액을 적는 방식입니다.

- A 제품 매출
  - 1월: 9억 원
  - 2월: 10억 원

한 줄로 줄이는 것도 가능합니다.

- A 제품 매출(단위: 억 원): (1월)9, (2월) 10

위 예시는 간단해서 글로 쉽게 쓸 수 있습니다. 이번에는 좀 복잡한 데이터를 글로 써 보겠습니다. 데이터는 다음과 같습니다. 매출 데이터이고 단위는 억 원입니다.

구분	1월	2월	MoM
A 부문	10	11	10%
B 부문	7	8	14%
C 부문	6	5	−17%
전사 합계	23	24	4%

위 표의 내용을 그대로 글로 쓰면 다음과 같이 쓸 수 있을 겁니다.

- 전사 매출은 1월 23억 원, 2월 24억 원으로 4% 증가했습니다.

- A 부문은 1월 10억 원, 2월 11억 원으로 10% 증가했습니다.

- B 부문은 1월 7억 원, 2월 8억 원으로 14% 증가했습니다.

- C 부문은 1월 6억 원, 2월 5억 원으로 17% 감소했습니다.

위 내용을 줄이고 개조식으로 바꾸면 다음과 같이 쓸 수 있습니다.

- **전사 매출은 1월 23억 원, 2월 24억 원으로 4% 증가**
  - A 부문: 10 →11 (10%), B 부문: 7 → 8 (14%), C 부문: 6 → 5 (−17%)

여기서 유의할 것은 표는 미괄식이지만 글은 두괄식이라는 겁니다. 표는
전사 합계가 맨 아래에 나오지만, 글을 쓸 때는 전사 합계를 먼저 얘기합
니다. 이때 표는 합계를 보여주더라도 글에서는 다른 식으로도 표현할 수
있습니다. 예를 들어 합계 대신 평균을 쓸 수도 있습니다.

- **부문 평균 매출은 1월 7.7억 원, 2월 8억 원으로 4% 증가**
  - A 부문: 10 →11 (10%), B 부문: 7 → 8 (14%), C 부문: 6 → 5 (−17%)

평균 대신 최댓값으로 말할 수도 있습니다.

- **최대 매출 부문은 1, 2월 모두 A 부문**
  - A 부문: 10 →11 (10%), B 부문: 7 → 8 (14%), C 부문: 6 → 5 (−17%)

물론 최솟값으로도 말할 수 있습니다.

- **최소 매출 부문은 1, 2월 모두 C 부문**
  - A 부문: 10 →11 (10%), B 부문: 7 → 8 (14%), C 부문: 6 → 5 (−17%)

수치 대신 추이를 말할 수도 있습니다.

- A, B 부문은 증가, C 부문은 하락

  - A 부문: 10 →11 (10%), B 부문: 7 → 8 (14%), C 부문: 6 → 5 (−17%)

특징만 발췌해서 쓰는 것도 가능합니다.

- C 부문만 하락

  - A 부문: 10 →11 (10%), B 부문: 7 → 8 (14%), C 부문: 6 → 5 (−17%)

비슷해 보이지만 다른 용어

데이터를 글로 표현하다 보면 비슷하지만 전혀 다른 뜻을 가진 용어 때문에 헷갈릴 때가 있습니다. 예를 들어 증감률과 배수 같은 것이 있습니다.

증감률은 이전에 비해 증감한 정도를 나타냅니다. 전년에 100억 올해 120억이면 20% 증가한 것입니다. 만약 100% 증가했다면 올해 200억이 됩니다. 그러면 전년이 2배가 된 겁니다. 증감률은 증가한 양을 이전 값으로 나눈 것이고, 배수는 최근 값을 이전 값으로 나눈 것입니다.

- 증감률 10% = 1.1배 증가

- 증감률 50% = 1.5배 증가

- 증감률 100% = 2배 증가

- 증감률 150% = 2.5배 증가

- 증감률 200% = 3배 증가

- 증감률 300% = 4배 증가

추이, 추세, 대세라는 말이 있습니다.

추이(推移)는 일이나 형편이 시간의 경과에 따라 변하여 나가거나 그런 경향을 말합니다. 이번 신상품은 초기 판매 추이를 보면서 판단해야 한다고 말하거나 오프라인 매장 고객 방문 추이를 봤더니 신제품 출시 영향이 크다고 말합니다. 이처럼 추이는 비교적 짧은 기간의 변화에 주목합니다.

추세(趨勢)는 어떤 현상이 일정한 방향으로 나아가는 경향을 말합니다. 매출 하락 추세가 계속되면 대책을 세워야 한다고 말하거나 고금리 추세로 집값이 떨어지고 있다고 말합니다. 이렇듯 추세는 일정한 방향성을 가질 때 사용합니다.

대세(大勢)는 일이 진행되어 가는 결정적인 형세를 뜻합니다. 지금 시장에서는 자율주행 전기차가 대세라고 말하기도 하고 이번 신제품이 시장에서 대세가 될 때까지 마케팅 비용을 쏟아부어야 한다고 말합니다. 대세는 강도를 의미합니다. 강도가 높으면 대세가 됩니다.

추정, 예측, 예상, 전망이란 말도 있습니다. 다 비슷한 용어 같지만 실제로 사용할 때는 적절하게 선택해야 합니다. 하나씩 알아볼까요?

추정(Estimate)은 과거를 기반으로 가까운 미래의 특정 값을 판정할 때 사용합니다. 예를 들어 최근 6개월 매출을 고려해서 다음 달 매출은 추정할 수 있습니다. 보통은 시계열 관점에서 내일, 다음 주, 다음 달, 다음 분기에 어떤 숫자가 나올지를 판정해야 합니다. 판정은 판별하여 결정하는 겁니다. 즉 추정은 의사결정에 직접적인 영향을 줍니다. 그래서 데이터 관점에서 가장 많이 사용됩니다. 표에서 미래 숫자 다음에 (e)라고 표시된 것이 바로 이 추정입니다.

예측(Predict)은 측정값의 변경이나 미래 상황 변화를 헤아려 특정 값을 찾아낼 때 사용합니다. 예를 들어 다음 달 환율이 10% 오를 경우 다음 달 영업 이익은 얼마나 될지 예측하는 겁니다. 추정이 과거 데이터를 기반으로 다음 데이터를 판정하는 데 사용된다면, 예측은 미래의 어떤 상황에서 미래의 값이 어떻게 변할지를 찾아내기만 합니다. 최근에는 예측을 의사결정에 직접 사용하기도 합니다.

예상(Forecast)은 과거가 없거나 고려하지 못할 때 미래의 상황을 제시하는 겁니다. 예를 들어 이번 신제품의 첫 달 매출은 10억쯤 될 것으로 예상합니다. 신제품이니까 과거 데이터가 없는 것이 당연합니다. 물론 있다고 해도 다른 제품이니 직집직인 근거가 될 수는 없습니다. 예상은 미래의 상황이니 특정 월이나 분기를 예상하는 경우보다는 향후 1년의 월별 매출이나 향후 3년의 반기 매출 등 특정 기간의 세부 값을 정할 때 주로 사용합니다.

전망(Overlook)은 대체로 먼 미래의 상태를 헤아리거나 바람직한 미래를 설정할 때 사용합니다. 우리 산업의 시장 규모가 5년 안에 10조 원을 넘을 것으로 전망할 수 있습니다. 예상보다는 다소 추상적일 수 있습니다. 5년 내외 미래 어느 시점의 상태를 찾아내는 것이니까요. 또한 미래를 긍정적으로 보는 개념이므로 대체로 좋은 쪽을 전망합니다.

통찰과 시사 쓰기

데이터를 글로 설명할 때 많은 사람이 하는 실수가 있습니다. 파워포인트 등으로 보고서를 만들 때 왼쪽에 차트를 그리고 오른쪽에 설명을 쓰는 실수입니다. 예를 들어 다음 그림을 볼까요? 왼쪽에 A 부문 최근 3년 동기 매출 비교 차트가 있고, 오른쪽에는 통찰, 시사, Findings, 결과 등을 제목으로 한 빈칸이 있습니다. 보통 기획 문서나 분석 문서를 보면 이런 식으로 장표를 구성합니다.

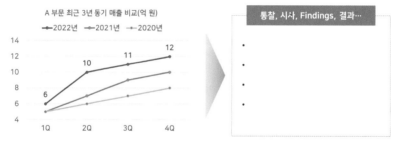

통찰, 시사, Findings, 결과…

그림 17-1 왼쪽에 차트가 있고 오른쪽에 통찰이나 시사점을 쓰는 장표 구성 예시

그런데 많은 사람이 오른쪽에 뭘 써야 할지 몰라서 보통은 왼쪽 차트를 설명하거나 요약하거나 통계를 적습니다. 예를 들면 다음과 같습니다.

- 2022년 매출은 39억 원

- 매출이 오름세

- 매년 4Q 매출은 2억씩 증가

그런데 이런 것은 모두 왼쪽 차트를 보면 알 수 있거나 왼쪽 차트에 값을 넣으면 되는 것들입니다. 차트로 설명할 수 있는 건데 굳이 차트를 분석해서 얻어낸 통찰이나 시사를 넣는 자리에 넣을 필요는 없습니다.

그렇다면 통찰이나 시사 같은 것은 어떻게 써넣어야 할까요? 이걸 이해하려면 먼저 통찰과 시사를 이해해야 합니다.

우선 통찰은 한자로 洞察, 영어로 insight입니다. 원래 동굴 속을 살펴본다는 뜻입니다. 예리한 관찰력으로 사물이나 현상의 본질을 꿰뚫어 보는 겁니다. 그 방법은 크게 두 가지입니다. 하나는 패턴을 찾는 것, 다른 하나는 인과를 찾는 겁니다. 왜 그런 결과가 나왔는지 알아내는 것이니 비즈니스 논리에서 Why So에 해당합니다. 과거에 관한 것입니다.

시사는 한자로 示唆, 영어로 implication입니다. 이 말은 무언가를 보여주고 부추긴다는 뜻입니다. 어떤 것을 미리 간접적으로 표현해 주고 뭔가를 하라고 부추기는 것입니다. 방법은 두 가지입니다. 하나는 예측이고 다른 하나는 대응입니다. 비즈니스 논리에서 So What에 해당합니다. 미래에 관한 것입니다.

- **통찰(과거, Why So)**: 패턴 + 인과
- **시사(미래, So What)**: 예측 + 대응

자, 이제 차트를 보면서 통찰과 시사를 써 볼까요? 일단 ○○쪽 왼쪽 차트를 다시 보겠습니다. 차트는 A 부문 최근 3년 동기 매출을 비교하고 있습니다. 가로축은 분기, 세로축은 매출입니다. 맨 아래에 있는 선은 2020년 매출, 그 위에는 2021년 매출, 그 위에는 2022년 매출이 선형으로 표시되어 있습니다. 즉, 최근 3년의 매출을 분기 단위로 비교하고 있습니다.

이제 이 차트를 보고 통찰을 찾아보겠습니다. 통찰은 패턴과 인과이므로 일단 패턴을 찾아야 합니다. 여러분들은 차트에서 어떤 패턴이 보이나요?

차트를 가만히 보면 매년 1Q에 매출이 가장 적고 4Q에 매출이 가장 높습니다. 연간으로 보면 매출은 계속 오르는데, 연초가 되면 전년 4Q 매출에서 곤두박질칩니다. 이런 차트를 보면 전형적인 상저하고(上低下高) 매출 구조라는 것을 알 수 있습니다. 상반기 매출은 낮았다가 하반기 매출은 오르는 구조입니다. 이것이 패턴입니다.

그러면 인과도 찾아볼까요? 사실 차트에서는 인과를 알 수 없습니다. 그래서 해당 도메인에 대한 지식이나 경험, 또는 담당자 인터뷰 등을 통해서 인과를 찾아내야 합니다. 예를 들어 이 경우에는 특별한 성장 전략이 없이 시장 구도를 따라간 결과라고 할 수 있습니다.

- **패턴**: 전형적인 상저하고(上低下高) 매출 구조

- **인과**: 특별한 성장 전략 없이 시장 구도에 수동적으로 대응한 결과

이번에는 시사를 찾아보겠습니다. 시사는 예측과 대응입니다. 패턴을 보면 예측을 할 수 있습니다. 과거 3년 동안 전형적인 상고하저 구조를 가져왔으니 2023년에도 상저하고 매출 구조가 나타나서 성장에 한계로 작용할 것입니다. 그러면 어떻게 대응해야 할까요? 연말에 과감한 투자와 영업 확대로 상고하고 구조로 전환해야 합니다.

- **예측**: 2023년에도 전형적인 상저하고 매출 구조로 성장에 한계로 작용

- **대응**: 연말에 과감한 투자와 영업 확대로 2023년부터는 상고하고 구조로 전환 필요

통찰과 시사를 합쳐서 쓸 수도 있습니다. 그때는 패턴과 예측을 붙이고, 인과와 대응을 붙이면 됩니다.

- **패턴과 예측**: 현재 매출 구조는 전형적인 상저하고(上低下高)로 2023년 성장에 한계로 작용

- **인과와 대응**: 시장 구도에 수동적으로 대응한 결과이므로 연말에 과감한 투자와 영업으로 2023년부터는 상고하고 구조로 전환 필요

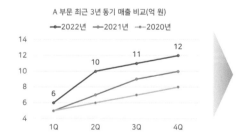

그림 17-2 통찰과 시사를 합쳐서 쓴 예시

17

차트로
보고하기

차트를 쓰는 이유

데이터를 표현할 때 차트를 많이 씁니다. 표보다는 시각적으로 한눈에 보이고 메시지가 강렬하기 때문입니다. 예를 들어 보겠습니다. 다음 차트는 1월과 2월의 A 제품 매출입니다. 1월에 98억, 2월에 99억 매출이 나왔습니다.

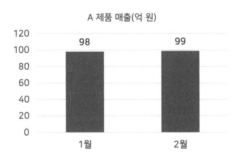

그림 18-1 굳이 차트를 써야 할까?

1월에 98억, 2월에 99억 매출이 나왔는데, 그래서 이 차트는 뭘 보여주는 걸까요? 여러분은 이 차트를 보고 1월 98억, 2월 99억 원의 매출이 있다는 것 외에 무엇을 더 알 수 있나요? 사실 아무것도 더 알 수 없습니다. 그냥 1월 매출과 2월 매출을 차트로 나열한 것뿐입니다. 그게 다입니다. 그게 다라면 그냥 다음과 같이 글로 써도 되지 않을까요?

- **A 제품 매출**: 1월 98억, 2월 99억

그렇다면 어떤 경우에 차트를 쓰면 좋을까요? 2월 매출이 1월의 2배가 된다면 어떨까요? 이때는 차트가 그 차이를 극명하게 보여줍니다.

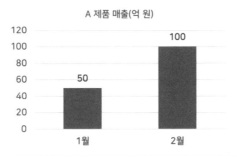

그림 18-2 차이를 시각적으로 두드러지게 보여주고자 할 때 차트를 사용한다.

시계열 기준이 두 개밖에 없어서 차이가 잘 안 보인다면 다음 차트를 볼까요? 하반기에 매출이 급성장하고 있는 것을 금방 알 수 있습니다.

이 차트를 표로 보여주면 어떨까요? 분명 월별로 매출이 성장하고 있지만, 숫자를 하나하나 읽어보기 전까지는 하반기 매출 성장이 눈에 와 닿지는 않습니다.

173

제품	1월	2월	3월	4월	5월	6월	7월	8월	9월	10월	11월	12월
A 제품	9	10	11	10	12	14	12	16	18	22	26	29

그림 18-3 숫자가 많아지면 시각적으로 한눈에 들어오지 않고 그 차이도 두드러지지 않는다.

차트를 사용하는 이유는 어떤 것을 강조함으로써 보고자가 전달하고자 하는 메시지를 던지기 위함입니다. 그래서 차트 안에 메시지를 직접 표기하기도 합니다.

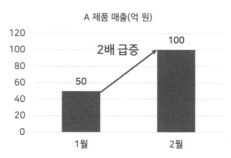

그림 18-4 차트 안에 메시지를 직접 표기할 수도 있다.

차트 강조와 왜곡

표가 많은 데이터를 정확히 보여주는 것을 목적으로 한다면, 차트는 핵심 데이터로 새로운 사실을 보여주거나 강조하는 것이 목적입니다. 표가 보고자의 주관을 최소화하는 방식이라면, 차트는 보고자의 주관을 최대화하는 방식입니다. 표는 보고 받는 사람이 해당 데이터에 식견이 없으면 사실 도출이나 판단이 좀 어렵지만, 차트는 보고 받는 사람이 해당 데이터에 식견이 전혀 없어도 금방 이해할 수 있습니다.

문제는 여기서 차트 조작이 발생한다는 겁니다. 강조와 왜곡은 정말 종이 한 장 차이입니다. 강조는 어떤 부분을 특히 강하게 주장하거나 두드러지

게 하는 겁니다. 왜곡은 사실과 다르게 자료를 받아들이도록 합니다. 강조
는 중요한 것을 더 중요하게, 중요하지 않은 것은 덜 중요하게 만드는 반
면, 왜곡은 중요한 것을 덜 중요하게, 중요하지 않은 것을 더 중요하게 만
듭니다. 강조는 잘 보이지 않는 진실을 잘 보이게 하고, 왜곡은 잘 보이는
진실을 가립니다.

강조	왜곡
• 어떤 부분을 특히 강하게 주장하거나 두드러지게 하는 것 • 중요한 것을 더 중요하게, 중요하지 않은 것을 덜 중요하게 만드는 것 • 잘 보이지 않는 진실을 잘 보이게 하는 것	• 사실과 다르게 자료를 받아들이게 하는 것 • 중요한 것을 덜 중요하게, 중요하지 않은 것을 더 중요하게 만드는 것 • 잘 보이지 않는 진실을 가리는 것

예를 들어 보겠습니다. 다음 차트는 월별 보유 현금을 보여줍니다. 이렇게
보면 조금씩 오르내리기는 하지만 보유 현금이 안정적이라고 볼 수 있습
니다.

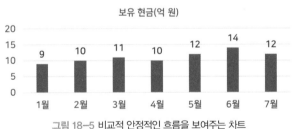

그림 18-5 비교적 안정적인 흐름을 보여주는 차트

그런데 다음 차트를 볼까요? 분명히 앞 차트와 같은 데이터입니다. 그런
데 세로축의 시작점을 8억으로, 최고점을 14억으로 바꿨습니다. 이것만
바꿔도 보유 현금이 많이 늘어난 것처럼 보이지 않나요?

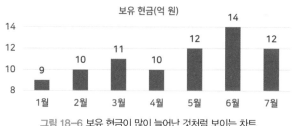

그림 18-6 보유 현금이 많이 늘어난 것처럼 보이는 차트

여기에 더해서 세로를 길게 늘여볼까요? 그러면 다음 차트처럼 보유 현금이 크게 급증한 것처럼 보입니다. 이처럼 같은 데이터도 차트를 어떻게 그리냐에 따라 완전히 다른 사실을 보여줄 수 있습니다.

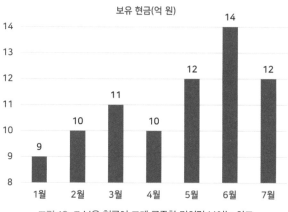

그림 18-7 보유 현금이 크게 급증한 것처럼 보이는 차트

그렇다면 어떤 차트가 강조이고 어떤 차트가 왜곡일까요? 여러분이 어떤 노력을 해서 보유 현금을 늘렸다고 해볼까요? 그러면 그 사실을 당연히 강조하고 싶을 겁니다. 그런데 세로축의 시작점을 0으로 하면 그 차이가 미미해서 잘 안 보입니다. 그렇다면 여러분의 노력을 상사가 제대로 인식하지 못할 것이고 여러분의 노력에 대한 반응이나 대꾸, 보상 같은 것은 기대할 수 없을 겁니다.

자, 이때 여러분이 세로축을 조금 변경해서 현금 보유가 높아진 것을 강조한다면 이것을 왜곡이라고 할 수 있을까요? 상사도 보유 현금이 30% 이상 늘어났다는 사실을 아는 것이 중요할 수 있으니 왜곡은 아닐 겁니다.

그런데 정작 왜곡은 차트 표현에 있습니다. 분명히 세로축을 조금 변경하는 것으로 내가 할 말을 강조하는 것 자체는 왜곡이 아니라 강조입니다. 하지만 강조를 할 때 세로축을 변경했으므로 그 변경에 대해 차트에 표현해줘야 합니다. 그 표현을 하지 않는다면 엄연히 왜곡입니다. 표현 방법은 간단합니다. 세로축 시작점이 0이 아니므로 막대 차트 아래에 물결표시를 넣으면 됩니다.

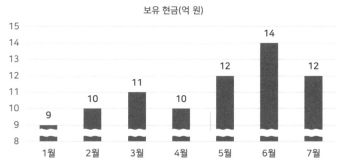

보유 현금(억 원)

그림 18-8 세로축의 시작점을 변경했다면 물결표시를 넣어서 값의 생략을 알려줘야 왜곡이 되지 않는다.

차트 조작

차트를 왜곡하는 것을 넘어 아예 차트를 조작하는 경우도 있습니다. 간혹 자기도 모르게 차트를 조작할 때가 있습니다. 예를 들어 다음 차트를 볼까요? 어떤 해의 주요 OECD 회원국의 신뢰도 점수입니다. 점수가 낮을수록 신뢰도가 낮습니다. 차트만 보면 어떤가요? 우리나라 신뢰도가 제일

낮아 보이지 않나요? 그런데 이 차트는 특별히 무엇을 조작한 것처럼 보이지는 않습니다.

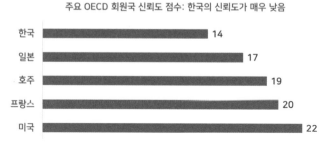

그림 18-9 한국의 신뢰도가 굉장히 낮다고 조작한 차트

사실 이 차트는 정말 엄청난 조작의 산물입니다. 왜냐하면 일부로 신뢰도 점수가 높은 국가와 한국을 비교한 거니까요. 한번 생각해보세요. OECD 회원국 신뢰도 점수를 가지고 한국의 신뢰도 점수가 매우 낮다고 말하고자 한다면 OECD 회원국 모두를 차트에 표현해야 합니다. 그런데 앞의 차트처럼 주요 OECD 회원국만 보여주고자 할 때는 반드시 전체 OECD 회원국의 평균 신뢰도 점수를 표시해야 합니다.

여기서 전체 OECD 회원국의 신뢰도 점수 평균은 12점입니다. 그러면 14점을 받은 한국은 평균보다 높습니다. 한국의 신뢰도가 매우 낮다고 얘기하기는 어렵습니다. 한국의 신뢰도가 우수하지만 추가 노력이 필요하다는 정도로 판단해야 합니다.

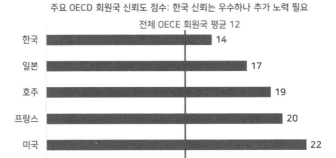

주요 OECD 회원국 신뢰도 점수: 한국 신뢰는 우수하나 추가 노력 필요

전체 OECE 회원국 평균 12

한국	14
일본	17
호주	19
프랑스	20
미국	22

그림 18-10 주요 회원국만 보여줄 때는 전체 회원국의 평균이라도 표현해야 조작이 아니다.

당연히 보여줘야 하는 데이터를 보여주지 않음으로써 차트는 얼마든지 조작할 수 있습니다. 그러니 차트를 보고 사실을 도출하거나 판단하기 전에 반드시 차트가 조작되었는지 아닌지 꼭 확인하는 습관을 들여야 합니다. 또 나도 모르게 차트를 조작하고 있는 게 아닌지 꼭 점검하는 습관을 들여야 합니다.

18

웹으로
보고하기

차트 레이스 만들기

엑셀에서 차트를 만들 때 한계가 하나 있습니다. 동영상 차트를 못 만든다는 겁니다. 엑셀에서 만들 수 있는 차트는 대부분 정적인 화면입니다. 사진처럼요. 물론 버튼이나 슬라이서를 이용해서 상호작용은 가능하지만 화려한 동적 화면을 만들 수는 없습니다.

예를 들어 유튜브에 많이 올라오는 순위 차트 같은 것이 있습니다. Chart race라고도 하는데, 이런 것은 시계열, 값, 순위를 동영상처럼 보여줍니다. 이것을 엑셀에서 막대 차트로 만든다면 특정 연도의 값만 정적으로 보여줄 수밖에 없습니다. 물론 연도를 클릭해서 값과 순위를 바꿔서 보여줄 수는 있지만, 딱딱 끊어져서 보일 뿐 자연스러운 동영상처럼 보이지는 않습니다.

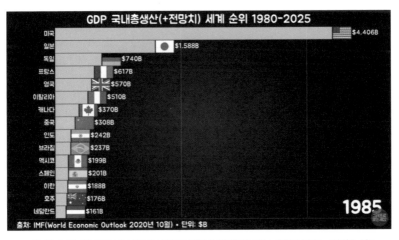

그림 19-1 연도가 바뀌면서 차트의 막대가 커졌다 작아졌다 하고 순위도 바뀌는 레이스 차트

최근에는 데이터양이 많아지고 다양한 관점을 동시에 보여줄 필요가 늘고 있습니다. 그러다 보니 축을 3개 이상 쓸 수 있고, 범례를 선택할 수 있고, 보기를 달리할 수 있는 차트를 사용하고 싶어 합니다. 여러 데이터를 하나의 스토리처럼 설명하고 싶을 때도 있고요. 보통 파워포인트에 차트를 하나씩 그려가면서 발표하곤 했는데, 이때 엑셀과 파워포인트 대신 쓸 수 있는 도구가 여럿 있습니다. 여기서는 Flourish를 소개합니다.

Flourish는 프로그램 설치 없이 브라우저에서 접속할 수 있고, 이미 만들어진 차트를 선택해서 데이터만 변경하면 누구나 쉽게 동적 차트와 데이터 스토리텔링을 할 수 있는 도구입니다. 웹에서 바로 공유도 되고, 파워포인트 안에 삽입도 가능합니다.

그림 19-2 다양한 동적 차트를 만들 수 있는 Flourish

Flourish에서 차트 레이스를 만들어볼까요? 일단 Flourish 서비스 페이지(https://flourish.studio)에 접속합니다. 회원가입을 하고 로그인한 뒤 [New visualization]을 클릭하면 여러 템플릿이 나옵니다. 여기서 [Bar chart race]를 선택합니다.

Bar chart race
Make your own bar chart race with Flourish

STARTING POINTS

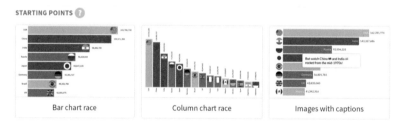

| Bar chart race | Column chart race | Images with captions |

그림 19-3 막대 차트 모양의 차트 레이스가 3종류가 있다. 맨 왼쪽 차트를 선택한다.

그러면 예시 데이터가 포함된 차트가 자동으로 만들어지고 여기서 차트 모양이나 컬러 등을 설정할 수 있습니다.

그림 19-4 화면 오른쪽에서 차트 디자인을 바꿀 수 있다.

화면 위쪽 가운데에 있는 [Data] 탭을 클릭하면 데이터를 볼 수 있습니다. 여기서 직접 데이터를 수정할 수도 있고 엑셀 파일을 업로드해서 적용할 수도 있습니다. 엑셀 파일을 업로드하면 화면 오른쪽에서 칼럼을 설정하면 됩니다. Label은 세로축 항목이고, Value는 값입니다. Categories는 범주 또는 범례를 말합니다. 필요하면 이미지를 넣을 수 있는데, Image 열을 하나 선택하고 해당 이미지에 이미지 URL을 적으면 됩니다. 이때 이미지는 당연히 인터넷에 등록돼야 합니다.

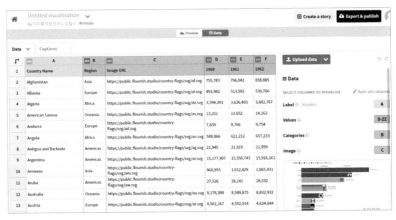

그림 19-5 데이터 탭에서 데이터를 수정하거나 엑셀 파일을 업로드할 수 있다.

이렇게 만든 차트 레이스를 웹에 공유하려면 오른쪽 위 [Export & publish]를 눌러서 게시하면 됩니다. 그러면 URL이 나타나는데, 이 URL을 클릭하면 공유된 화면이 나타납니다.

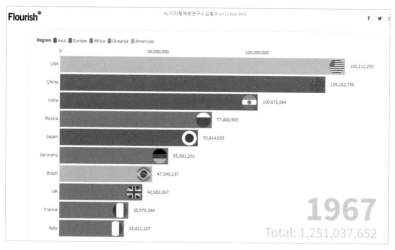

그림 19-6 직접 만든 차트 레이스를 클릭 몇 번으로 웹에서 공유할 수 있다.

이렇게 만든 차트 레이스를 Web Viewer라는 추가 기능을 사용해서 파워포인트에 삽입할 수 있습니다. 파워포인트에서 차트를 삽입할 슬라이드를 선택한 다음, 삽입 메뉴에서 [추가 기능 가져오기]를 클릭합니다. 그러면 Office 추가 기능 대화 상자가 나타납니다. 검색창에 'Web Viewer'를 입력하고 검색한 뒤 Web Viewer를 추가합니다

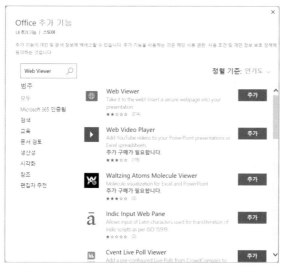

그림 19-7 파워포인트에서 Web Viewer를 추가 기능으로 추가한다.

슬라이드 안에 Web Viewer가 삽입되면 Flourish에서 공유한 화면의 URL
을 복사해서 Web Viewer의 URL 입력창에 붙여 넣습니다. 이때 반복되는
'https://'는 삭제합니다. 그다음 오른쪽 아래에 있는 [Preview] 버튼을 누
르면 해당 페이지가 삽입됩니다.

그림 19-8 Flourish에서 공유한 화면의 URL을 붙여 넣는다.

D3(Data-Driven Documents)

Flourish는 이미 있는 템플릿을 사용해서 데이터만 바꿔 원하는 차트를 만들 수 있습니다. 그런데 직접 차트를 코딩해서 개발할 수도 있습니다. 대표적인 도구가 D3인데, 이른바 데이터 주도 문서입니다.

아마 처음 듣는 거라고 생각하는 사람도 있을 텐데, 이미 여러분은 D3로 만든 웹사이트를 다 봤습니다. D3로 만든 데이터 주도 문서 중 대표적인 것이 바로 코로나 라이브(https://corona-live.com)입니다. 이 사이트에서 사용한 차트가 바로 D3로 만든 것입니다.

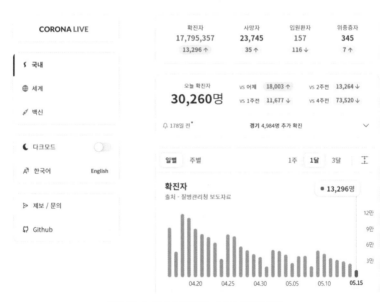

그림 19-9 코로나 라이브는 D3로 만들어졌다.

D3는 웹 페이지에서 데이터를 쉽게 보여주고 원하는 차트나 맵 등 거의 모든 것을 시각화할 수 있는 일종의 자바스크립트 라이브러리입니다. 원래 웹 페이지가 HTML, CSS, 그리고 자바스크립트로 구성되어 있는데,

HTML은 정적인 표현, CSS는 폰트 크기나 글자 등을 제어한다면, 자바스크립트는 대부분의 상호작용을 만들어 냅니다. 보통 웹 개발자라고 하면 자바스크립트를 주로 만드는 사람이라고 보면 됩니다.

예를 들어 차트 레이스를 웹 페이지에서 표현할 때 다음과 같은 자바스크립트 코드를 만듭니다.

```
chart = {
  replay;

  const svg = d3.create("svg")
      .attr("viewBox", [0, 0, width, height]);

  const updateBars = bars(svg);
  const updateAxis = axis(svg);
  const updateLabels = labels(svg);
  const updateTicker = ticker(svg);

  yield svg.node();

  for (const keyframe of keyframes) {
    const transition = svg.transition()
        .duration(duration)
        .ease(d3.easeLinear);

    // Extract the top bar's value.
    x.domain([0, keyframe[1][0].value]);

    updateAxis(keyframe, transition);
    updateBars(keyframe, transition);
    updateLabels(keyframe, transition);
    updateTicker(keyframe, transition);

    invalidation.then(() => svg.interrupt());
    await transition.end();
  }
}
```

그림 19-10 D3 자바스크립트 코드

D3를 사용하면 굉장히 다양한 동적이고 상호작용이 가능한 데이터 시각화를 구현할 수 있습니다. 지도도 쉽게 만들 수 있고 3D로 항공 노선을 보여주는 것도 가능합니다.

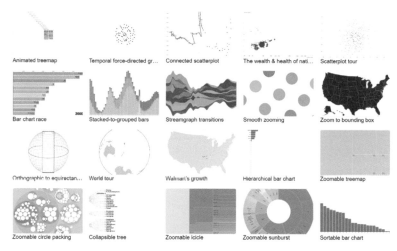

그림 19-11 D3로 다양한 동적이고 상호작용 가능한 데이터 시각화를 구현할 수 있다.

최근에는 차트를 보고용으로 사용하는 것을 넘어서 차트를 만들고 분석하기도 합니다. 즉 시각화가 보고의 끝이 아니라 분석의 시작이 되는 것입니다. 이때 시각화한 결과물을 다시 분석하려면 여러 상호작용이 필요합니다. 이것을 D3로 다 구현할 수 있습니다.

사실, 시각화를 위해 D3를 배우는 것은 쉽지 않습니다. 여기서 중요한 것은 이런 식으로 데이터를 시각화하는 기술이 점점 늘어나고 있고, 이제는 웹으로 데이터를 코딩하는 것이 데이터 시각화의 트렌드라는 겁니다. 그동안 엑셀과 파워포인트만 생각했다면 이제는 데이터 시각화를 좀 더 폭넓은 기술로 봐야 합니다.

19

대시보드로
보고하기

데이터로 만드는 목표와 지표

여러분이 자동차를 타고 어딘가로 가려고 합니다. 어디든 상관은 없습니다. 서울에서 부산에 갈 수도 있고, 광주에서 서울로 갈 수도 있습니다. 이때 부산이나 서울은 우리의 '목적지'가 됩니다. 그리고 그 목적지로 이동하는 것 자체가 우리의 '목적'이 됩니다.

그때 우리는 이렇게 얘기합니다.

"한 시간 안에 도착하겠다."

"편하게 운전하고 싶다"

"길을 안 잃고 운전해 보겠다."

"기름을 10리터만 쓰겠다."

"연비 20킬로미터에 도전하겠다."

스스로 다짐할 수도 있고 동승자한테 자랑할 수도 있습니다. 이것을 '목표'라고 합니다. 목표는 무한합니다. 그래서 어떤 것을 목표로 선정할지가 중요합니다.

어떤 사람은 목표를 시간으로, 어떤 사람은 편안함, 어떤 사람은 기름 사용량 같은 것으로 정합니다. 내가 목표로 정하려고 하는 대상은 결국 내가 지향하는 '가치'입니다.

시간에 가치를 더 주는 사람이라면 시간을 목표로 정할 것입니다. 기름값에 가치를 더 주는 사람은 기름 사용량에 가치를 둘 것이고요. 목표를 정한다는 것은 내가 지향하는 가치를 반영한 결과입니다.

사실 가치라는 것은 어떻게 보면 정도의 차이라고 볼 수 있습니다. 시간에 가치를 더 주는 사람이라고 해서 기름을 펑펑 써도 된다는 건 아니니까요. '기준'을 얼마로 하는지가 가치 차이를 보여주기도 합니다.

어떤 사람은 일찍 도착하고 싶고, 어떤 사람은 편하게 이동하고 싶다고 해봅시다. 그러면 몇 시간 안에 도착해야 일찍 도착하는지 기준이 있어야 합니다. 1시간 이내가 일찍 도착하는 건지, 2시간 이내면 충분히 일찍 도착하는 건지 정해야 하니까요. 또 편하게 이동하고 싶다고 하는데, 편함의 기준은 무엇일까요? 흔들림 없는 편안함 같은 걸까요?

자, 일단 기준을 이렇게 정해 봅시다. 1시간 이내에 도착하고 흔들림 없는 편안함으로요. 그러면 1시간 1분에 도착하면 어떻게 될까요? 기준을 초과했으니 기준에 적합하지 않은 걸까요? 1시간 59분은요? 이것도 기준에 적합하지 않은 걸까요? 그렇다면 1시간 1분이 걸리든 1시간 59분이 걸리든 같은 결과일까요?

흔들림 없는 편안함을 기준으로 하지만, 딱 한 번 살짝 흔들렸다면요? 그러면 흔들림 없는 기준에 못 맞춘 건가요? 그렇다면 열 번 과하게 흔들렸다면요? 이것도 같은 결과인가요?

이때 우리는 '척도'를 사용합니다. 1시간 이내를 기준으로 한다고 하면 1시간 걸리는 것보다는 50분 걸리는 것이 더 낫습니다. 50분보다는 30분이 더 나을 거고요. 그런데 물리적으로 한계가 있는 시간은 있을 겁니다. 예를 들어 어떤 식으로 하든 현지 기술로는 30분 이내에는 도착할 수 없다고 합시다. 그러면 최소 척도는 40분 이내 정도로 잡을 수 있을 겁니다. 즉, 40분 이내, 50분 이내, 60분 이내, 70분 이내, 80분 이내, 80분 초과 등으로 척도를 구성할 수 있습니다. 흔들림 없는 편안함에도 척도를 줄 수 있습니다. 흔들림이 한 번 이내, 세 번 이내, 다섯 번 이내, 다섯 번 초과 등으로 말입니다.

각 척도에 점수를 주고 합산할 필요가 있는데, 40분 이내에 5점, 50분 이내에 4점, 60분 이내에 3점 등으로 점수를 줄 수 있습니다. 흔들림이 한 번 이내면 5점, 세 번 이내면 4점 등으로 점수를 줍니다. 그리고 필요하다면 가치에 가중치를 줄 수도 있을 겁니다. 시간보다 편안함이 두 배 더 중요하다면 시간에는 1, 편안함에는 2의 가중치를 주면 됩니다. 이렇게 해서 우리는 '평가'를 할 수 있습니다.

목적이 생기면 목표를 정해야 합니다. 목표는 지향하는 가치입니다. 가치를 측정하기 위해 척도를 사용하고 이것으로 평가하는 것입니다. 목표는 이렇게 명확히 수치로 나올 수 있어야 합니다. 그런데 많은 사람이 목표를 잘못 정합니다. 예를 들어 다음과 같이 정합니다.

- 신규 시장에 진출한다.
- 올해 안에 신규 시장에 진출한다.
- 신규 시장에 진출하여 1년 안에 시장 점유율 20%를 달성한다.
- 1년 안에 시장 점유율 20%를 달성하여 해외 시장 개척의 디딤돌을 만든다.

언뜻 보면 위의 목표는 특별히 잘못 정한 것 같지 않습니다. 하지만 위 목표는 전혀 쓸모없는 목표입니다. 왜냐하면 행동 목표만 있거나 결과 목표만 있거나 목표가 아니라 목적만 있기 때문입니다.

그런데 위 예를 보면 뭔가 좀 잘못된 것이 있습니다. "신규 시장에 진출한다."라는 것은 목표가 아닙니다. 목표는 뭔가 새로운 시장을 가져야 한다는 가치의 서술, 또는 전략적 목적지밖에는 안 됩니다. 이것만으로는 목표를 잡을 수가 없습니다.

"올해 안에 신규 시장에 진출한다."는 시간에 가치를 둔 겁니다. 기준은 올해 안이므로 척도를 만들 수 있고 목표로서 작용합니다. 그런데 문제가 있습니다. 결과 목표만 있습니다. 올해 안에 신규 시장에 신출하기 위해 뭘 해야 하는지 행동 목표가 없습니다.

비즈니스는 기본적으로 인과관계에서 모든 것을 규정합니다. 어떤 행동을 하면 어떤 결과가 나와야 합니다. 그래야 그 결과에 보상도 하고 책임도 물을 수 있습니다. 아무 행동도 안 했는데 어떤 결과가 나왔다면 그건 운이지 비즈니스가 아닙니다.

목표는 인과관계를 명시한 겁니다. 행동 목표와 결과 목표가 있어야 합니다. "1년 안에 시장 점유율 20%를 달성하여 해외 시장 개척의 디딤돌을 만든다."를 언뜻 보면 행동 목표와 결과 목표가 같이 있는 것 같습니다. 그런데 아닙니다. '1년 안에 시장 점유율 20% 달성'은 행동 목표가 아니라 결과 목표입니다. 그리고 '해외 시장 개척의 디딤돌'은 그냥 기대하는 모습입니다. 목표가 아닙니다. 해외 시장 개척의 디딤돌에 어떤 기준과 척도를 줄 수 있나요? 못 줍니다. 목표가 아니기 때문입니다.

목표를 잡을 때는 반드시 행동 목표와 결과 목표를 같이 서술해야 합니다. 예를 들면 다음과 같습니다.

- A 제품의 포털 배너 광고를 10억 원어치 집행해서
  - 1년 안에 신규 방문자 100만 명, 구매 20만 명을 달성한다.

- 영업 팀이 매월 신규 고객을 방문하여
  - 신규 고객 주문 비율을 10% 높인다.
- 모든 임직원이 멘토링에 참여하여
  - 소통 지수를 10% 높인다.

'A 제품의 포털 배너 광고를 10억 원어치 집행'하는 것은 행동 목표입니다. 예산을 잡아야 하고 광고 배너를 만들어야 하고 어느 포털에 걸지 다 결정해야 합니다. 그리고 그 결과로 '1년 안에 신규 방문자 100만, 구매 20만 명을 달성'해야 합니다.

만약 A 제품의 포털 배너 광고를 5억 원어치만 집행했는데, 1년 안에 신규 방문자 100만, 구매 20만 명을 달성했다면 굉장히 효율적으로 일한 것입니다. 만약 A 제품의 포털 배너 광고를 10억 원어치 집행했는데, 불과 6개월 안에 신규 방문자 100만, 구매 20만 명을 달성했다면 굉장히 효과적인 것입니다.

효율은 산출을 투입으로 나눈 겁니다. 비용을 절반만 들여서 원래 목표를 달성한다면 효율적인 것입니다. 효과는 진척을 목표로 나눈 겁니다. 목표를 더 빨리 이루어내면 효과적인 것입니다.

효율과 효과는 일의 끝에 나오는 것이 아닙니다. 일의 끝에 나오는 것은 실적과 성과입니다. 실적과 성과는 행동이 끝난 다음에 나오는 겁니다. 그렇다면 중간중간에 효율과 효과를 어떻게 관리할 수 있을까요? 뭔가 측정하고 확인하고 관리할 수 있는 것이 필요합니다. 그래서 만들어진 것이 지표입니다.

A 제품의 포털 배너 광고를 지금 얼마 집행했고 신규 방문자가 지금 얼마인지 알아야 지금까지의 효율을 알 수 있고 앞으로 효율이 어떻게 될지 예

측할 수 있습니다. 지금 6개월이 지났는데 목표의 몇 퍼센트를 달성했는지 알아야 앞으로 6개월을 어떻게 할지 결정할 수 있습니다. 그래서 우리는 행동 지표와 결과 지표를 사용하는 겁니다.

행동 지표는 예를 들어 누적 광고 지출액, 월별 광고 지출액, 누적 배너 노출 수, 월별 배너 클릭 수, 신규 배너 교체 횟수 같은 것이 있습니다. 결과 지표는 누적 신규 방문자 수, 월별 신규 구매자 수, 구매 전환율, 구매자당 광고비 등이 있을 수 있습니다.

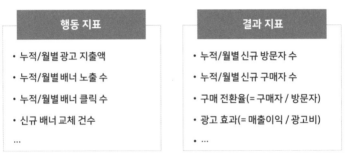

그림 20-1 행동 지표와 결과 지표 예시

우리는 이런 지표를 사용해서 진척도도 측정하고 목표 달성도 예측합니다. 이해관계자에게 정보로 제공하기도 하고, 의사결정자에게 의사결정을 요청하기도 합니다. 사람들의 관심을 끌거나 홍보에도 사용하고요. 그리고 이런 지표는 결국 모두 데이터입니다.

의사결정을 돕는 대시보드

일반적으로 지표는 행동 지표와 결과 지표가 있습니다. 예를 들어 자동차 계기판을 보면 행동 지표와 결과 지표가 같이 보입니다. 우선 행동 지표를 볼까요? 자동차 계기판 왼쪽에 속도계가 있습니다. 액셀을 밟거나 브레이크를 밟는 행동을 하면 속도 계기판의 바늘이 움직입니다. 이게 행동 지표입니다.

그림 20-2 자동차 계기판은 행동 지표와 결과 지표를 동시에 보여준다.

언뜻 생각하면 내가 액셀을 밟은 결과로 속도가 나오는 거니까 결과 지표가 될 것 같나요? 물론 그렇게도 볼 수 있습니다. 그런데 여러분의 목표가 속도라면 어떨까요? 예를 들어 시속 50킬로미터로 운행하는 것을 목표로 정했다고 합시다. 그러면 속도계 바늘이 50을 가리키도록 액셀과 브레이크를 밟을 겁니다.

그런데 자동차를 운행하면서 시속 50킬로미터를 목표로 정하는 사람은 없지 않나요? 시속 50킬로미터로 가고자 하는 이유는 아마도 중간에 시속 50킬로미터 제한이 있거나 해서일 겁니다. 우리의 원래 목표는 어딘가로 제시간에, 또는 기름을 적게 사용해서, 또는 편안하게 가려는 것입니다. 그걸 달성하기 위해 브레이크나 액셀을 밟으면서 속도를 관리합니다. 즉, 속도 관리라는 행동을 적절히 할 수 있게 만든 지표인 셈입니다.

그렇다면 계기판에서 결과 지표는 무엇일까요? 대표적인 결과 지표는 목적지까지 남은 거리입니다. 목적지까지 남은 거리는 내가 액셀을 밟고 브레이크를 밟은 행동의 결과가 됩니다. 내가 액셀을 많이 밟고 브레이크를 적게 밟으면 같은 시간에 목적지까지 남은 거리는 적어집니다. 즉, 속도를 높이면 목적지까지 남은 거리가 빨리 줄어들 거고, 속도를 낮추면 목적지까지 남은 거리가 더디게 줄어듭니다. 속도를 완전히 낮춰서 0에 가까워지면 목적지에 못 다다를 거고요.

이처럼 계기판은 행동 지표와 목표 지표를 같이 보여줌으로써 운전자가 지금 무슨 행동을 하는지, 그것이 목표에 적합한지, 목표를 얼마나 달성하고 있는지, 앞으로 어떻게 해야 목표를 달성할 수 있는지 알려줍니다. 이런 계기판을 영어로 대시보드(Dashboard)라고 합니다.

요즘에는 대시보드를 단순히 자동차 계기판으로 보지 않습니다. 데이터 관점에서는 데이터를 추적하고 분석하고 표시하는 도구로 봅니다. 중요한 정보를 한눈에 정리하고 표시해서 경영에 활용하려는 것입니다. 나아가서 비즈니스에서 전략적 결정을 내리는 비즈니스 인텔리전스(BI, Business Intelligence)의 핵심 시각화로도 사용됩니다.

대시보드를 만들 때는 명확한 설계 원칙이 있습니다.

첫째, 대시보드를 사용하는 목적을 명확히 설명할 수 있어야 합니다. 자동차 대시보드에 자동차 운전과 관련 없는 것이 잔뜩 있으면 어떨까요? 예를 들어 뒷좌석 시트의 오염도나 조수석 시트의 위치 같은 것 말입니다. 트렁크 잠금 여부 같은 거나 현재 바퀴 색깔 같은 것도 있을 수 있습니다. 이런 것이 운전과 전혀 관계없지는 않지만 이런 식으로 당장 불필요한 것까지 잔뜩 대시보드에 있으면 대시보드 자체가 그냥 로 데이터가 되어 버릴 겁니다. 대시보드는 그 지표가 왜 필요한지, 그 목적이 원래 대시보드의 목적에 맞는지 설명할 수 있어야 합니다.

둘째, 대시보드의 지표는 분석 대상이 아닙니다. 대시보드의 지표는 보는 즉시 이해할 수 있어야 합니다. 예를 들어 자동차 운행을 하면 지금 속도를 바로 알아야 합니다. 현재 바퀴의 회전 속도, 바퀴의 지름, 그리고 시계를 같이 보여주고 속도를 계산하라고 하면 안 됩니다.

셋째, 지표는 적으면 적을수록 좋고 중요한 것은 크게 보여야 합니다. 자동차 대시보드에서 가장 중요한 것은 속도입니다. 그래서 속도를 가장 크게 보여줍니다. 내연기관에서는 엔진 회전수도 중요합니다. 하지만 전기차는 엔진 회전수보다 현재 전력으로 몇 킬로미터를 더 갈 수 있는지가 더 중요합니다. 그래서 엔진 회전수 자리에 배터리 상황과 남은 주행 가능 거리를 보여줍니다.

그림 20-3 전기차는 엔진 회전수보다 남은 주행 가능 거리가 더 중요하다.

넷째, 지표에는 기준과 수준을 포함해야 합니다. 기준은 지표가 되는 값 중 일정한 값에 의미를 두는 겁니다. 예를 들어 시속 200킬로미터를 넘으면 위험하다고 할 때는 시속 200킬로미터가 기준이 됩니다. 최고 속도가

100킬로미터인 고속도로에서 단속 카메라가 있을 때 내비게이션이 속도를 줄이라고 경고하는 것도 기준을 초과하기 때문입니다.

수준은 기준을 초과하거나 미달한 정도를 말합니다. 시속 200킬로미터를 넘어서 운행해도 201킬로미터와 250킬로미터는 다릅니다. 둘 다 위험하기는 하지만 속도가 빨라질수록 더 위험합니다. 이때 기준은 이미 초과했고 여기서 수준 차이가 나는 겁니다. 기름이 모자라서 앞으로 주행 가능한 거리가 대략 30~50킬로미디쯤 되면 계기판에 기름이 모자란다며 주유 경고등이 켜집니다. 주유 경고등은 기준을 표현한 것이고, 남은 주행 거리는 수준을 표시하는 겁니다.

다섯째, 디자인 요소는 일관성이 있어야 합니다. 위험할 때는 빨간색, 안전할 때는 파란색으로 보여줘야 합니다. 속도가 초과되어 운행에 위험을 알릴 때는 파란색이었는데, 기름이 떨어져서 중간에 차가 멈출 수 있을 때도 파란색 주유기를 보여주면 안 됩니다.

실제 비즈니스에서 대시보드는 주로 현상 지표와 차트로 구성되어 있습니다. 예를 들어 네이버에서 날씨를 검색하면 나오는 화면을 보면 위에는 현재의 기온, 강수, 습도, 풍속 등 현재의 날씨 상황을 지표로 보여줍니다. 그리고 바로 밑에는 앞으로 12시간 예보를 보여주는 시계열 차트가 있습니다.

그림 20-4 일반적으로 대시보드는 현상 지표와 차트를 보여준다.

구글에서 무료로 제공하는 대시보드 만들기 도구인 Looker Studio(구 Data Studio)의 예시도 대부분 그렇게 구성되어 있습니다.

그림 20-5 위에는 주요 사용자 지표를, 아래에는 시계열 차트와 지도 차트를 보여준다.

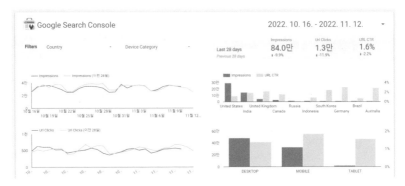

그림 20-6 위에는 필터와 지표를, 아래에는 시계열 차트와 국가 비교 차트를 보여준다.

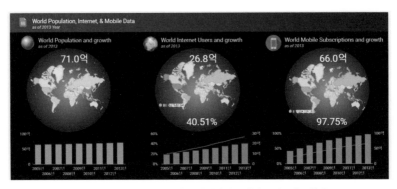

그림 20-7 지표를 보여줄 때 배경 이미지를 같이 보여주기도 한다.

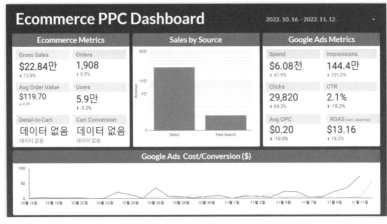

그림 20-8 지표 사이에 핵심 비교를 넣는 경우도 있다.

사실 그동안 매주 주간 보고 형식으로 보고하던 것을 이제는 이런 식으로 대시보드로 보고하는 형태로 바뀌는 것 같습니다. 비즈니스는 점점 빨라지고 대응은 민첩해야 하기 때문입니다. 이런 대시보드는 Power BI나 Tableau, Looker Studio 같은 툴을 이용해서 쉽게 디자인할 수 있습니다. 데이터와 실시간으로 연결하는 것도 어렵지 않습니다. 한번 간단하게라도 본인 업무 대시보드 하나쯤은 만들어봐도 좋을 것 같습니다.

21

데이터 수집 보고
자동화하기

로봇처럼 데이터를 자동 수집하는 RPA

데이터를 수집하는 방법은 다양합니다. 고전적인 방법에는 설문조사 같은 것이 있습니다. 설문지를 인쇄해서 고객에게 직접 작성을 요청하고, 그 내용을 엑셀에 입력하는 겁니다.

최근에는 SNS 데이터를 수집해서 분석하는 경우도 많아졌습니다. 이럴 때 일일이 사람이 해당 웹 페이지에 접속해서 텍스트를 긁어오지 않습니다. 이른바 크롤링(Crawling)이라고 해서 프로그램이 데이터를 자동으로 긁어옵니다.

그런데 보통 직장인이 이런 크롤링을 하려면 프로그램을 배워야 합니다. 예를 들어 요즘 많이 배우는 파이썬 언어를 사용하면 웹 페이지의 데이터를 쉽게 수집할 수 있습니다. 다음 파이썬 코드는 구글의 코랩에 붙여 넣으면 바로 작동하는 크롤링 소스입니다. 네이버 뉴스에서 특정 단어로 검색해서 제목을 추출합니다.

```
import requests
from bs4 import BeautifulSoup

url = 'https://search.naver.com/search.naver?where=news&sm=tab_jum&query=DATA'

response = requests.get(url)

html = response.text
soup = BeautifulSoup(html, 'html.parser')
print(soup)

title=soup.select('div.news_wrap.api_ani_send > div > a')

for titles in title:
    print(titles.text)
```

그림 21-1 네이버 뉴스에서 DATA로 검색한 결과를 가져와서 제목만 추출하는 파이썬 코드 예시

문제는 이런 파이썬 같은 프로그램을 보통 직장인이 배워서 써먹기가 쉽지 않다는 것입니다. 프로그램을 배우는 것도 시간과 노력이 많이 들고, 이렇게 만든 프로그램을 내게 맞게 변경하거나 새로 만들 때는 내가 보통 직장인인지 프로그래머인지 헷갈립니다.

그래서 자기 컴퓨터에서 이런 크롤링 같은 데이터 수집 업무를 드래그 앤 드 드롭만으로 자동화하는 소프트웨어가 많이 있습니다. 그중 보통 직장인이 쉽게 사용할 수 있는 것이 RPA(Robotic Process Automation)입니다. RPA 툴을 사용하면 여러 업무를 자동화할 수 있습니다.

놀랍게도 윈도우 11에는 RPA가 설치되어 있고 무료로 쓸 수 있습니다. 윈도우 10에서는 프로그램을 다운로드해서 설치하면 됩니다. 이 툴은 마이크로소프트사가 만든 파워 오토메이트(Power Automate)입니다.

그림 21-2 마이크로소프트사가 무료로 제공하는 RPA 툴, Power Automate

파워 오토메이트는 내 컴퓨터에서 사용하는 데스크톱 앱과 가상 머신에서 사용하는 클라우드 버전이 있습니다. 무료로 사용할 수 있고 윈도우 11에 설치되어 있는 것은 데스크톱 앱입니다.

그림 21-3 윈도우 11에는 파워 오토메이트가 이미 설치되어 있다.

파워 오토메이트로 네이버 뉴스 수집 자동화하기

파워 오토메이트 앱을 시작하면 대시보드가 나타나고 '새 흐름'을 만들 수 있습니다. '흐름'은 영어로 Flow인데, 로봇이 할 업무 프로세스라고 보면 됩니다. 대강 로봇 이름을 정하고 만들기를 시작하면 로봇을 만들 수 있는 화면이 나타납니다. 여기서 왼쪽에 있는 작업 목록에서 작업을 선택해서 가운데 창에 끌어다 놓으면 됩니다.

그림 21-4 로봇을 만들 수 있는 파워 오토메이트 데스크톱 화면

예를 들어 네이버 뉴스 페이지에서 DATA로 검색한 결과 페이지의 제목과 URL을 가져와 보겠습니다. 우선 작업 목록에서 [브라우저 자동화] 〉 [새 Microsoft Edge 시작]을 선택해서 가운데로 드래그합니다. 그러면 새 Microsoft Edge 시작 대화상자가 나타납니다. 네이버 뉴스에서 DATA로 검색한 화면의 URL을 복사해서 대화상자의 '이니셜 URL' 칸에 붙여 넣고 저장하면 됩니다.

그림 21-5 새 Microsoft Edge 시작 대화상자에 원하는 페이지 URL을 붙여넣기만 하면 된다.

그러고 나서 가운데 왼쪽 위에 있는 삼각형 모양의 실행 버튼을 누르면 자동으로 엣지 브라우저가 실행되고 해당 URL로 접속합니다.

이제 뉴스를 추출해 볼까요? 작업 목록에서 [브라우저 자동화] 〉 [웹 데이터 추출] 〉 [웹 페이지에서 데이터 추출]을 선택해서 가운데 창으로 드래그합니다. 그러면 "이 대화가 열려 있는 웹 브라우저 창을 전경으로 가져오면 라이브 웹 도우미가 활성화됩니다."라는 메시지가 보이는데, 말 그대로 [Alt + tab] 키를 눌러 앞에서 연 엣지 브라우저를 선택합니다.

그림 21-6 웹 페이지에서 데이터를 쉽게 추출할 수 있다.

그러면 도우미가 활성화되고 웹 페이지에서 마우스를 따라 빨간색 테두리가 생겨납니다. 여기서 첫 번째 뉴스 제목에 마우스를 대고 오른쪽 버튼을 누르면 '요소 값 추출' 대화상자가 나타납니다. 마우스를 계속 대고 있으면 텍스트나 제목, URL 등을 선택할 수도 있습니다. 여기서 제목을 선택합니다. 같은 방식으로 두 번째 뉴스 제목도 선택합니다. 그러면 해당 페이지의 모든 뉴스 제목이 추출됩니다.

그림 21-7 마우스 클릭만으로 뉴스를 추출할 수 있다.

이제 [완료]를 누르면 원래 파워 오토메이트 화면으로 돌아옵니다. 대화상자에서 '데이터 저장 모드'를 '변수' 대신 'Excel 스프레드시트'로 선택합니다. 그리고 브라우저를 닫고 실행을 누르면 브라우저가 실행되고 뉴스를 추출한 다음 엑셀이 자동으로 실행되면서 뉴스 제목이 엑셀에 입력됩니다.

그림 21-8 데이터 저장 모드를 엑셀로 하면 엑셀을 자동으로 실행하여 데이터를 입력해준다.

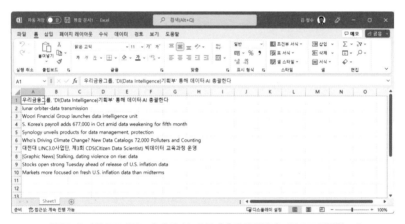

그림 21-9 파워 오토메이트가 네이버 뉴스를 추출해서 엑셀에 자동으로 입력한 모습

여러 페이지를 추출하려면 다음 페이지로 넘어가는 화살표에서 요소를 페이지로 설정하고 완료합니다.

그다음에 나타나는 대화상자에서 '처리할 최대 웹 페이지 수'를 원하는 대로 설정합니다. 다음 페이지까지만 추출하겠다고 하면 숫자 2를 입력하면 됩니다.

그림 21-10 '처리할 최대 웹 페이지 수'에 숫자 2를 넣으면 두 번째 페이지까지 추출한다.

이제 누구나 광범위한 데이터를 수집할 수 있습니다. 평소에 데이터 수집이 어렵거나 시간이 오래 걸리거나 비용이 많이 들어서 못 했다면 이제는 내 컴퓨터에서 간단히 방대한 데이터를 수집할 수 있게 되었습니다. 이제 이전에는 못했던 새로운 기획을 할 수 있고, 새로운 기획이나 주장에 근거를 댈 수도 있습니다.

22

데이터
품질 관리

데이터 유효성 관리

여러분, 치킨 좋아하시죠? 맥주 한 잔에 치킨이면 아주 즐거운 저녁을 보낼 수 있습니다. 집에서 치킨을 시켜 먹는 일이 잦은데, 예전에는 전화로 치킨을 다 주문했습니다. 요즘에는 배달 전용 앱을 많이 씁니다.

그런데 배달 앱이 생길 때쯤 한 기업이 몇몇 치킨 매장의 POS 데이터를 분석해 봤습니다. 사람들이 언제 배달을 많이 시키는지 알고 싶었던 겁니다. 이때는 점장이 전화로 주문받아서 POS에 입력하던 때입니다. 그런데 POS 데이터를 보고 깜짝 놀랐습니다. 우리가 생각했던 것과 완전히 달랐기 때문입니다.

여러분은 우리나라 사람들이 몇 시에 주로 치킨을 주문하는지 아세요? 치킨 가게 영업시간이 오후 2시부터 다음 날 새벽 2시까지였는데, 과연 어느 시간대에 가장 많이 주문을 받았을까요? 오후 6시? 오후 9시? 밤 12시?

다 틀렸습니다. 정답은 놀랍게도 새벽 3시였습니다. 왜 그러냐고요? 예전에 전화로 음식을 주문할 때 치킨 가게나 중국집에 가 보셨나요? 보통 주방 옆에 전화기가 여러 대 있습니다. 점심, 저녁 시간이 되면 전화가 엄청나게 울립니다. 점장이나 직원이 전화를 받으면 전화기 앞 장부에 주문 내용을 펜으로 적습니다. 바빠서 POS에 입력할 시간이 없기 때문입니다.

그렇게 장부에 적은 것을 POS에 새벽 3시에 일괄 입력합니다. 영업시간이 새벽 2시까지니까 영업 마치고 청소하고 점장이 자리에 앉으면 새벽 3시가 됩니다. 그때 POS에 입력하는 겁니다. 데이터는 현상의 기록입니다. 현재 상태를 기록하는 것입니다. POS에 주문 내역을 입력하는 순간 새벽 3시가 기록됩니다. 주문 시간이 새벽 3시기 되는 것입니다.

데이터 품질 문제는 매우 심각합니다. 실제 비즈니스 현장에서 보면 안 맞는 데이터가 엄청 많습니다. 예를 들어 어떤 제품이 창고에 입고한 시간은 오늘 저녁 6시인데, 이 제품이 출고된 시간은 오늘 아침 9시입니다. 말이 되나요? 입고도 안 되었는데 출고되다니 말이 안 됩니다.

모 대기업이 공장에서 숙련된 직원 수십 명을 연수원에 모아 놓고 6개월간 데이터 분석 교육을 했습니다. 6개월 후 각자 공장에 돌아가서 공장 데이터를 분석하게 했습니다. 그런데 하나같이 데이터 분석을 못 합니다. 데이터가 안 맞는다는 겁니다. 용광로 내부 온도가 −1,000도인 것도 있고, 냉동 창고 내부 온도가 500도인 것도 있다는 겁니다.

핵심은 데이터로 보고하기 전에 일단 데이터 품질부터 챙겨야 한다는 것입니다. 그래서 국제 표준 기구인 ISO에서도 데이터 품질 기준을 새로 만들었습니다. ISO라고 하면 ISO 9000으로 잘 알려져 있습니다. ISO 9000은 국제 품질 기준입니다. 품질경영을 하는 기업이라면 모두 ISO 9000 인증을 받습니다.

그런데 ISO 9000은 제품의 품질을 주로 다루는 것이다 보니 데이터 품질까지는 관리하기가 어렵습니다. 그래서 데이터 품질 기준을 마련하기 위해 ISO 8000이 제정됐습니다. 2002년부터 협의를 시작해서 2009년에 제정했고, 시리즈는 계속 개발되고 있습니다.

여기서는 데이터 품질 기준 16가지를 알아보겠습니다. 데이터 품질은 크게 유효성과 활용성으로 나눕니다. 유효성은 데이터가 유효한지 따지는 것이고, 활용성은 현장에서 활용될 수 있는지 따지는 겁니다.

유효성 판단 기준은 7가지가 있습니다. 사실성, 적합성, 필수성, 연관성, 정합성, 일치성, 무결성입니다.

사실성은 데이터가 실 세계의 사실과 동일한 값을 가지는 겁니다. 예를 들어 오늘 고객 10명이 매장에 방문했다고 합시다. 그러면 오늘 방문 고객 수는 10이라고 엑셀이든 ERP든 기록돼야 합니다. 그런데 방문 고객 수가 5라든지 15라든지 다른 숫자가 기록되어 있다면 사실성에 위배됩니다. 특히 원천 데이터를 요약하거나 통계를 내면서 사실성을 의심받는 경우가 많아지고 있습니다. 또 데이터가 여러 곳에 저장되면서 어떤 데이터가 진짜 데이터인지 알기가 점점 어려워지고 있습니다. 예를 들어 직원 PC에 있는 엑셀 데이터와 ERP에 있는 데이터, 그리고 팀 회의 때 사용한 파워포인트 데이터와 CEO 보고 때 사용한 데이터가 다를 수 있습니다. 그러면 어떤 데이터를 사실로 봐야 하는지 혼란이 생길 수밖에 없습니다.

이런 문제를 해결하는 방법으로 요즘은 클라우드에 데이터를 집어넣고, 필요하면 엑셀이나 Tableau, Power BI 등의 툴로 해당 데이터베이스에 접근하여 데이터를 사용하는 방식을 사용하기 시작했습니다. 즉 데이터 소스는 한 곳에만 두고 필요한 사람들이 적절한 툴로 해당 데이터에 연결해서 요약하거나 시각화하는 것입니다. 우리가 평소 쓰는 엑셀도 최신 버전에서는 데이터베이스에 직접 연결해서 쓸 수 있습니다.

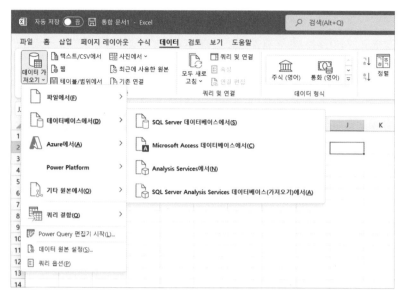

그림 22-1 엑셀 최신 버전은 다양한 데이터 소스를 읽어서 사용할 수 있다.

적합성은 데이터값이 정해진 유효 범위를 충족하는 겁니다. 시간을 입력할 때 25시 10분 같은 것은 없습니다. 0시 0분부터 24시 0분까지만 있습니다. 우리가 어떤 시스템에 시간을 입력할 때 오류를 줄일 수 있는 이유는 처음부터 정해진 시간 범위만 입력할 수 있기 때문입니다. 따라서 우리가 어떤 데이터를 입력할 때 그 데이터의 유효 범위를 사전에 정해주고 그 범위 안에서만 입력하게 한다면 적합성을 높일 수 있습니다.

엑셀의 데이터 메뉴에서 '데이터 유효성 검사'를 클릭하면 데이터 유효성 대화상자가 나타납니다. 여러 탭 중 첫 번째 설정 탭에서 유효성 조건을 지정할 수 있습니다. 예를 들어 정수 최솟값과 최댓값을 지정할 수 있습니다.

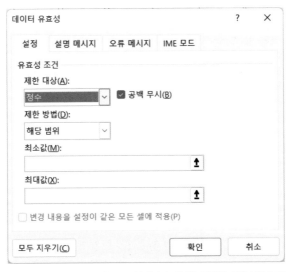

그림 22-2 데이터 유효성 검사 기능으로 입력값의 사실성, 적합성, 필수성을 높일 수 있다.

필수성은 필수 항목에 데이터의 누락이 없는 겁니다. 회사에 출근할 때 보통 직원 카드로 출입구 보안 센서를 통과합니다. 그때 출퇴근 시간이 기록됩니다. 그런데 시스템에 출근 시간만 기록되고 퇴근 시간은 기록되지 않는다고 해봅시다. 그럼 직원이 몇 시간 근무했는지 알 방법이 없습니다. 고객이 매장이 머문 시간을 기록한다고 했을 때도 마찬가지입니다. 고객이 들어온 시간은 측정하는데 나간 시간을 측정하지 않으면 고객이 매장이 머문 시간을 알 수 없습니다.

엑셀에서 데이터 누락은 빈 셀로 나타납니다. 데이터가 많으면 빈 셀이 잘 안 보입니다. 필터를 이용해서 한 열씩 확인할 수도 있지만, 홈 메뉴의 '찾기 및 선택'에서 '이동 옵션' 기능을 사용하면 쉽게 빈 셀을 찾을 수 있습니다. 이동 옵션 대화상자에서 '빈 셀'을 선택하고 확인하면 빈 셀만 찾아줍니다.

그림 22-3 엑셀에서 빈 셀 찾기는 '이동 옵션' 기능을 사용하면 된다.

연관성은 연관 데이터 간에 논리상 오류가 없는 겁니다. 창고에 입고가 안 되었는데 출고가 되면 안 됩니다. 계약도 안 했는데 입금되면 안 됩니다. 물론 이런 경우도 있습니다. 세금계산서를 발행하면 내용을 확인하고 입금하는 것이 보통입니다. 그런데 입금을 먼저 한 경우도 있을 겁니다. 그래서 세금계산서 발행 시 '청구'와 '영수' 두 가지 중 하나를 선택할 수 있습니다. 돈을 안 받았다면 청구, 돈을 받았다면 영수가 됩니다.

엑셀에서 연관성은 주로 수식의 문제입니다. 이런 것은 오류 검사로 다 찾을 수 있습니다. 엑셀의 오류 메시지는 다음과 같습니다.

- #VALUE!: 옳지 않은 데이터 사용(예: 숫자와 텍스트 계산, 공백 등)

- #NAME?: 잘못된 이름 사용(예: 함수 이름, 셀 이름 등, 텍스트 적용 시 큰따옴표 사용)

- #DIV/0!: 숫자를 0, 또는 빈칸으로 나눔(예: 1/0)

- #N/A: 찾는 값이 참조 범위에 없음(예: VLOOKUP 함수 사용 시 없는 열 번호 등)

- #REF!: 참조하는 셀이 삭제나 이동

- #NUM!: 너무 큰 숫자나 잘못된 숫자 사용(예: 10^1000)

정합성은 동일한 데이터는 동일한 용어와 형태로 존재하는 것을 말합니다. 고객 설문을 하는데 나이를 물어본다고 합시다. 어떤 사람은 한국 나이로, 어떤 사람은 만 나이로 대답할 것입니다. 그러면 나이라고 하는 데이터지만 동일한 용어와 형태가 아니게 됩니다. 처음부터 나이를 알고자 할 때는 나이를 물어볼 게 아니라 태어난 해를 물어봐야 합니다.

일치성은 데이터를 구분하는 용어가 일치하는 것을 말합니다. 예를 들어 냉장고, 세탁기, 건조기, TV 매출을 각각 구분해서 관리하고 있었다고 합시다. 그런데 어느 날 세탁기와 건조기가 합쳐져서 워시타워라는 것이 생겼습니다. 일체형 세탁기 겸 건조기입니다. 그런데 어느 팀은 계속 세탁기, 건조기로 구분하고, 어떤 팀은 워시타워로 세탁기와 건조기를 묶으면 안 됩니다. 통일해야 합니다.

무결성은 데이터 처리의 선후 관계가 명확한 것을 말합니다. 고객이 주문을 잘못 넣었다고 해봅시다. 우리가 주문을 삭제하고 고객에게 알려줘야 할까요? 아니면 고객에게 잘못된 주문을 알려주고 삭제를 요청해야 할까요? 결과적으로는 같지만 선후 관계는 다릅니다.

데이터 활용성 관리

데이터의 활용성 판단 기준은 충분성, 유연성, 사용성, 추적성, 접근성, 적시성, 보호성, 책임성, 안정성의 9가지입니다.

충분성은 데이터가 사용자의 요구사항을 충족하는 겁니다. 신사업을 기획해서 보고하는데 향후 매출 전망을 1년만 보고하면 될까요? 안 됩니다. 최소한 3년 매출은 보고해야 충분하지 않을까요? 미래 전망을 하는데 내년 한 해만 전망하는 것은 충분하지 않습니다.

유연성은 데이터가 유연한 구조를 가지는 겁니다. 예를 들어 데이터를 글로 잔뜩 써 놓은 것보다는 엑셀 각 셀에 입력되어 있어야 다른 데서 사용하기에 유용합니다. 숫자는 숫자 열에, 글자는 글자 열에, 합산은 합계 열에 들어있는 것이 좋습니다.

사용성은 데이터가 현장에서 실제로 사용되는 겁니다. 데이터가 아무리 좋아도 현장에서 사용되지 않는다면 아무 소용이 없습니다. 예를 들어, 남미 경제 통계 데이터를 계속 가지고 있지만 남미와 관련한 사업이 전혀 없다면 그 데이터는 사용성이 없는 겁니다.

추적성은 데이터의 변경 내역이 관리되는 겁니다. 회사에서 직원이 해외 출장을 갈 때 제공하는 숙박비를 10년 전 금액으로 주면 문제가 생깁니다. 숙박비가 물가 상승률에 따라서 적절하게 변경되어 지급되는데, 추적성은 그 변경 내역을 확인할 수 있는 겁니다.

접근성은 데이터를 쉽게 사용할 수 있는 겁니다. ERP에 직원이 접근하지 못한다면 그 데이터 자체가 기록용 외에는 사용되지 못합니다. 또 데이터는 엄청 많은데 검색 기능이나 도움말이 없어도 접근성이 떨어집니다. 시각 장애인이나 청각 장애인이 듣고 읽을 수 있도록 해주는 것도 접근성입니다.

적시성은 필요할 때 데이터를 볼 수 있는 겁니다. 지금 해외 출장을 가기 위해 환전을 해야 한다고 해봅시다. 그런데 환율을 지금 확인할 수 없다면 어떻게 될까요? 또 지금 기준으로 이번 달 매출을 알고 싶다고 합시다. 그런데 이번 달 매출을 다음 달 초에만 알 수 있다면 적시에 대응할 수 없습니다.

보호성은 데이터가 훼손, 변조, 유출 등의 위협에서 안전한 겁니다. 개인 PC에 데이터가 있을 때 바이러스 등으로 삭제되면 안 됩니다. 중요한 데이터일수록 안전한 곳에 위치해야 하고 누군가가 관리해야 합니다.

책임성은 데이터의 접근 권한과 책임이 정해져 있는 겁니다. 데이터마다 접근 권한이 다른 것은 당연합니다. A 영업팀이 B 영업팀의 모든 데이터를 볼 수 있어서는 안 됩니다. 책임 소재도 마찬가지입니다. A 영업팀의 데이터 수집, 기록, 전송 등은 해당 팀에 책임이 있습니다. 물론 기술적인 책임을 지는 부서도 있어야 합니다.

안전성은 데이터를 소실해도 빨리 복구할 수 있는 겁니다. 데이터는 언제든지 소실될 수 있습니다. 이때 디지털 데이터는 어느 정도 복구할 수 있는데 그 시간이 1년, 10년 걸린다면 복구하지 못한 거라고 봐야 합니다.

이렇게 16가지 데이터 품질 기준을 알아봤습니다. 데이터의 중요도가 점점 커지고 데이터양도 늘어나면서 데이터는 어느덧 비즈니스의 자산이 되고 있습니다. 자산을 보호하기 위한 조치가 어느 때보다 필요합니다. 16가지 데이터 품질 기준을 토대로 데이터를 관리하면 됩니다.

에필로그

지금까지 보통의 직장인에게 필요한 비즈니스와 데이터의 관계, 데이터 사고, 데이터 기획, 데이터 보고의 원리와 방법을 알아봤습니다. 현실에는 이보다 훨씬 더 복잡하고 다양한 경우의 수가 있습니다. 조직의 규모나 업종, 담당 분야나 업무에 따라 다루는 데이터도 다릅니다. 감으로만 결정하는 상사도 있고, 엑셀 데이터만 보고 받는 CEO도 있습니다. 평소에 엑셀을 쓰면서도 통계 데이터 분석 기능을 모르거나 빅데이터 분석을 몇 개월 독학하는 분도 있을 것입니다.

중요한 것은 기술도 아니고 데이터도 아닙니다. 우리가 데이터로 사고하고 기획하고 보고하는 법을 배우는 이유는 제대로 소통하는 문화를 만들기 위함입니다. 데이터를 드러내 놓고 서로 보여주면서 이리저리 분석도 하고 토론도 하려는 것입니다. 데이터에서 통찰과 시사를 얻고 감과 경험을 나누고 제대로 의사결정을 하기 위한 것입니다. 서로가 할 말을 다 할 수 있는 문화를 만들고자 하는 것입니다.

데이터는 누군가의 독단이나 횡포를 막을 수 있습니다. 복잡하고 급변하는 현대 비즈니스에서 독단과 횡포는 이제 매우 위험한 일이 됐습니다. 이런 일을 막기 위해서라도 이제부터 데이터로 사고하고 기획하고 보고해야 합니다. 그렇게 해서 데이터를 중심으로 새로운 문화를 만들 수 있습니다. 그런 큰 흐름에 여러분이 잘 올라탔으면 좋겠습니다.